STARK

T. C. Boyle

The Tortilla Curtain

INTERPRETATION

von Ernst H. Andrecht

STARK

Bildnachweis

Umschlagbild: © Jeff Whyte | Dreamstime.com
S. 3: T. C. Boyle © Peter Peitsch / peitschphoto.com
S. 29: Canyonlandschaft © www.photocase.de
S. 44: Karte Topanga Creek © cartomedia-Karlsruhe
S. 46/47: Kaktus © Peter Zullo / www.sxc.hu
S. 52: Tortillas © www.pdphoto.org
S. 53: Kojote © D. Carlton / www.sxc.hu
S. 56: Illustration © ullstein bild – Granger, NYC
S. 72: Grenze zwischen den USA und Mexiko © Sherryvsmith | Dreamstime.com
S. 84: Menschen mexikanischen Ursprungs © www.omex.de / Oliver Koch

© 2019 Stark Verlag GmbH
www.stark-verlag.de

Das Werk und alle seine Bestandteile sind urheberrechtlich geschützt. Jede vollständige oder teilweise Vervielfältigung, Verbreitung und Veröffentlichung bedarf der ausdrücklichen Genehmigung des Verlages. Dies gilt insbesondere für Vervielfältigungen, Mikroverfilmungen sowie die Speicherung und Verarbeitung in elektronischen Systemen.

Inhalt

Vorwort

Einführung 1

Biografie und Entstehungsgeschichte 3

Inhaltsangabe 7

Textanalyse und Interpretation 43
1 Aufbau, Erzählhaltung und literarisches Genre 43
2 Zentrale Motive 51
3 Sprache und Stil 61
4 Charaktere und Personenkonstellation 68
5 Interpretation von Schlüsselstellen 79
  Armut, Angst und Beziehungslosigkeit im
  „Land der unbegrenzten Möglichkeiten" 79
  Von der „offenen" zur „geschlossenen" Gesellschaft 90
  Fremdenfeindlichkeit und Lynchjustiz 97

Reaktionen von Lesern und Kritikern 103

Literaturhinweise 107

Anmerkungen 108

Autor: Dr. Ernst H. Andrecht

Vorwort

Liebe Schülerinnen, liebe Schüler,

diese Interpretationshilfe zu T. C. Boyles *The Tortilla Curtain* ermöglicht Ihnen die gezielte Vorbereitung auf die Unterrichtslektüre oder auf Klausuren zu diesem Roman.

Zu Beginn erhalten Sie einen Einblick in das Leben T. C. Boyles, in sein Gesamtwerk und in die Entstehungsgeschichte des Romans. So erhalten Sie die nötigen **Hintergrundinformationen** als Basis zum Verständnis dieses Romans.

Eine ausführliche **Inhaltsangabe** liefert eine gründliche Übersicht über die komplexe Handlung. Zusätzlich finden Sie natürlich auch eine **Interpretation** und **Textanalyse**. Nach Hinweisen auf die Struktur, die Erzählhaltung und das literarische Genre wird auf zentrale Motive, auf Sprache und Stil sowie auf die Charaktere und die Personenkonstellation eingegangen. Die Interpretation ausgewählter Schlüsselstellen zeigt exemplarisch Deutungsweisen des Romans.

Im letzten Kapitel finden Sie einige Reaktionen von Lesern und Kritikern zu diesem kontrovers diskutierten Roman.

Viel Erfolg bei der Vorbereitung auf den Unterricht und Klausuren!

Dr. Ernst H. Andrecht

Einführung

In einer im Jahr 2004 erstmals ausgestrahlten Reality Show im Großraum Los Angeles, USA, mussten illegal in die USA eingewanderte mexikanische Migrantinnen und Migranten als Mutprobe unter anderem lebende Würmer essen und von Fahrzeugen springen. Die Person, die bei den Wettkämpfen den ersten Platz machte, erhielt Rechtsbeistand und wurde bei dem Prozess, die Green Card zu erhalten, mit der man legal in den USA leben und arbeiten darf, unterstützt. Rechtsbeistände, die sich mit Einwanderungsfragen beschäftigten, sowie Sozialverbände warnten vor der Sendung, da die teilnehmenden Personen dort ihren Namen und ihren illegalen Status preisgaben und so umgehend abgeschoben werden konnten. Die Show erreichte etwa eine Million hispanischer Haushalte und war außerordentlich populär. Seit dem 1. Juni 2004 hat „La Migra", die US-Einwanderungsbehörde, ihre Razzien in Kalifornien verschärft und greift illegal eingewanderte Latinas und Latinos vornehmlich aus Mexiko, aber auch aus anderen Herkunftsländern Zentralamerikas, auf. In Kalifornien, so schätzt man, leben zwei bis drei Millionen Immigranten und Immigrantinnen ohne Erlaubnis. Solange sie – gefälschte – Papiere präsentieren, sind sie als billige Arbeitskräfte auf Farmen, bei Baufirmen und in der Serviceindustrie willkommen. Andererseits verschärfen die „illegal aliens" bei der ohnehin hohen Arbeitslosigkeit das soziale Klima in einem Staat wie Kalifornien, in dem es ohnehin kaum mehr Platz gibt. Mit falschen Visa benutzen heute Migrantinnen und Migranten (darunter leider auch Schleuser-Gangs, kriminelle Banden und Mitglieder terroristischer Vereinigungen) aus aller Welt Mexiko als Durchgangsland, um ins „Land der unbegrenzten Möglichkeiten" zu gelangen[1]. Die großen Migrationsströme der Erde, etwa die von Afrika, Eurasien und Osteuropa nach Westeuropa oder die von Mittel- und Südamerika und Asien in die USA, haben inzwischen ein Ausmaß erreicht, das Steuerung notwendig macht, damit die funktionierenden wirtschaftlichen und sozialstaatlichen Systeme des Westens unter dem Druck von Lohn- und Sozialdumping nicht völlig auseinanderbrechen.

Boyle weist in seinem Roman, der heute aktueller denn je ist, als kritischer Beobachter der Situation auf die ökonomischen, sozialpolitischen und ökologischen Verwerfungen hin, die sich aus dem Ansturm der mexikanischen Massen auf den „American Dream" in Kalifornien und anderswo ergeben können. *The Tortilla Curtain*, einer von Boyles erfolgreichsten, aber auch kontroversesten Romanen, stellt diese weltweite Problematik fiktional und stellvertretend für die globalen Brennpunkte unserer Erde anhand der Lebensgeschichte zweier Paare dar: die reichen, erfolgreichen weißen Mossbachers und die Rincóns, mittellose Einwanderer aus Mexiko, die die Grenze in die USA illegal überquert haben. Dass der Roman kein optimistisches Ende hat und der „amerikanische Traum" in ihm mit einer gehörigen Portion von Ironie, Sarkasmus, ja sogar Zynismus, aufgehoben wird und in der Apokalypse endet, ist vom Autor gewollt. Es sind die Umstände, die wir selbst herbeigeführt haben, die dafür verantwortlich sind.

Die Verliebtheit Boyles auch in das hässliche, grauenvolle Detail – eine Tendenz, die allen realistischen Autorinnen und Autoren eigen ist – mag Abschnitte des Romans für Teile der Leserschaft schwer verdaulich machen. Aber diese Tendenz verstärkt den Druck auf den Westen, sich an der Lösung der Probleme zu beteiligen.

Biografie und Entstehungsgeschichte

Am 2. Dezember 1948 wurde Thomas John Boyle in Peekskill, Bundesstaat New York, geboren. Als er 17 Jahre alt wurde, tauschte er „John" gegen den gälischen Namen „Corághessan" aus. Der Name spielt auf die Abstammung Boyles an: Seine Großeltern waren aus Irland in die USA emigriert. Boyles Vater war Busfahrer, seine Mutter war Sekretärin. Beide Elternteile waren gläubige Katholiken und hatten anfangs genügend Geld, um ihrem Sohn eine angemessene Schulbildung zu ermöglichen. Sowohl der Vater als auch die Mutter wurden jedoch alkoholsüchtig. Sein Vater starb 1972 bei einem alkoholbedingten Autounfall, seine Mutter einige Jahre später an Leberversagen als Folge ihres hohen Alkoholkonsums.

Obwohl Boyle anfänglich Probleme in der Schule hatte, konnte er seinen Abschluss an der Lakeland High School in Peekskill machen. Auch die vier Jahre College an der State University of New York in Potsdam, wo er als Hauptfach Musik und eher nebenher die „liberal arts", geisteswissenschaftliche Fächer, wie z. B. Englisch, Geschichte und Creative Writing, studierte, schloss er mit der Note ausreichend ab. Durch seine Mentoren hatte er schon erste Lektürekontakte zu Schriftstellern der Moderne wie Camus, Sartre, Beckett, Genet, Gide, Ibsen, O'Neill, Updike, Bellow und dem schon zur Postmoderne zählenden John Barth. Nach seiner College-Zeit nahm er eine Stelle als Lehrer an seiner alten High School in Peekskill an, die inzwischen aufgrund des Drogenkonsums zu einer Problemschule geworden war. Die Probleme wurden auch für Boyle immer belastender, sodass er am Ende selber zu Drogen griff. Aber trotz dieser körperlichen und seelischen Belastungen gelang es ihm, seine ersten Kurzgeschichten zu schreiben. *The OD and Hepatitis RR or Bust* wurde 1972 im *North American Review* veröffentlicht und ermöglichte ihm die Aufnahme in den „Writers' Workshop" an der Universität von Iowa. Wichtige Mentoren dort waren für ihn die Schriftsteller John Cheever, Vance Bourjaily und John Irving. Das Schreiben gab Boyles Leben einen neuen Sinn und er kam langsam von den Drogen los. Dabei half ihm auch seine Lebensgefährtin Karen Kvashay, die er schon in Potsdam getroffen hatte und die mit ihm nach Iowa gegangen war. Im Jahre 1974 heiratete das Paar. 1975 schloss Boyle seinen M.F.A. (Master of Fine Arts) in englischer Literatur des 19. Jahrhunderts mit 4.0 ab, der besten Note. 1977 promovierte er an der gleichen Universität mit einer Sammlung von Kurzgeschichten, die 1979 als *Descent of Man* veröffentlicht wurden. Boyle wurde daraufhin Redakteur des *Iowa Review* und veröffentlichte nebenbei weitere Kurzgeschichten, die ihm Preise einbrachten sowie ein Stipendium im Rahmen des Creative Writing Fellowship des National Endowment for the Arts. Dies und die positiven Reaktionen auf *Descent of Man* bewog die University of South California, Los Angeles, ihm einen Lehrauftrag für Creative Writing zu geben. Aus dem Lehrauftrag wurde eine Assistenzprofessur und später eine ordentliche Professur. Boyle ist bis heute in dieser Funktion an der Universität von Südkalifornien tätig und lebt in Montecito, Santa Barbara. Montecito ist kleiner und wohlhabender Ort, der im Januar 2018 von einer Schlammlawine verwüstet wurde, die über 20 Todesopfer forderte. Boyle veröffentlichte einen Kommentar über die Geschehnisse in *The New Yorker*[2]. Grundsätzlich fühlt sich Boyle in Südkalifornien so wohl, dass er den Gedanken, woanders zu leben und zu arbeiten, weit von sich weist. "I will never teach anywhere else. I will be staying in California at the University of Southern California. […] I'm a West Coast boy now."[3]

Diese starke gefühlsmäßige Bindung an den Staat Kalifornien führte auch zu einem verstärkten Interesse an den wirtschaftlichen, sozialpolitischen und ökologischen Problemen dieses Teils der USA, der einst zu Mexiko gehörte. Auf keiner Party oder Zusammenkunft in der Stadt wurde das Thema ausgelassen. Man spürte, dass sich etwas zusammenbraute. *The Tortilla Curtain* (veröffentlicht 1995) war schon vor November 1994 fertig gewesen. Zu diesem Zeitpunkt fand eine Volksabstimmung der kalifornischen Bevölkerung über ihr Verhältnis zu den ausländischen Einwandererinnen und Einwanderern aus dem Süden statt. Die sogenannte Proposition 187 hielt fest, dass die (weiße) Bevölkerung Kaliforniens durch die kriminellen Aktivitäten der illegal eingewanderten Mexikanerinnen und Mexikaner erheblichen persönlichen und wirtschaftlichen Schaden erlitten hatte und dass das Volk ein Recht darauf habe, von seiner Regierung dagegen geschützt zu werden. Die Proposition 187 ist als Stimmungsbild und Blaupause in *The Tortilla Curtain* eingegangen. T. C. Boyle hat an der Abstimmung ebenfalls teilgenommen. Es ist nicht bekannt, wie er abgestimmt hat. Aber es ist bekannt, dass er eine zwiespältige Einstellung zum Problem der illegalen Einwanderung hat und auch nicht glaubt, dass es leicht zu lösen ist[4]. Was er als Autor versuchen kann, so Boyle, ist das Ethos aus John Steinbecks *The Grapes of Wrath*, 1939, in die 90er-Jahre zu verlegen. Während in Steinbecks Roman die Migration der besitzlosen Wanderarbeiterinnen und -arbeiter aus Oklahoma („Oakies"), die die „dustbowl" (Staubschüssel) des amerikanischen Südwestens verlassen, um in Kalifornien ihr Glück zu versuchen und dort von der Grenzpolizei abgewiesen werden, zur Debatte steht, ist es in *The Tortilla Curtain* die Immigration von Fremden aus Mexiko und die sozialen Probleme, die daraus entstehen.

Boyles Roman ist bis in die Details hinein sorgfältig recherchiert. Das betrifft den Topanga Canyon als einen der letzten natürlichen Rückzugsräume für Fauna und Flora in Los Angeles County ebenso wie das noble Villenviertel im Grünen, Arroyo Blanco. Dieses Viertel wandelt sich zur „gated community", wie viele reiche Viertel in den Vororten der „global cities", die ohne Mauern, Stacheldraht und bewaffnete Wachen nicht mehr überleben können. Los Angeles ist heute die zweitgrößte „mexikanische" Stadt und jeden Tag kommen neue „Papierlose" hinzu. Die eingewanderten Menschen aus Mexiko treten in Konkurrenz zu den eingesessenen Unter- und Mittelschichten. Mittellos und ohne Rechte verwandeln sie ganze Stadtviertel in Slums. Wer es sich leisten kann, verlässt die Megastadt und lässt sich in einer der noch grünen Vorstädte eine Villa bauen. Damit trägt er zur Zersiedelung und Erosion der Landschaft mit den entsprechenden Naturkatastrophen bei. Die zuletzt genannten Umweltkatastrophen entsprechen fast exakt der apokalyptischen Szene am Ende von *The Tortilla Curtain* und unterstreichen die sorgfältige, realistische Recherche des Autors. Sie verdeutlichen auch eine Grundüberzeugung Boyles, die sich ebenfalls in dem Roman wiederfindet: „Wenn eine Spezies übermäßig wächst, stirbt ihre Umgebung."[5] Boyle schreibt – und das unterscheidet ihn von John Steinbeck und dessen naturalistisch-realistischem Propagandaroman *The Grapes of Wrath* – mit *The Tortilla Curtain* keinen parteiischen, politischen Roman, um seine Leserschaft zu seiner Sache zu bekehren: "I think it wrong to sacrifice the aesthetic to the need to make a point or statement about your position."[6] Vielmehr verbindet er den künstlerischen Anspruch seines literarischen Schaffens mit der harten sozialen, politischen und wirtschaftlichen Realität, mit der er als Einwohner Südkaliforniens täglich konfrontiert wird und verarbeitet und kommentiert sie auf seine Weise.

Inhaltsangabe

Teil 1, Kapitel 1, S. 3–15
Delaney Mossbacher ist ein liberaler Ökologe, der mit seiner zweiten Frau Kyra, einer überaus erfolgreichen Grundstücks- und Immobilienmaklerin, in einer Villa des Wohnparkes Arroyo Blanco im Topanga Canyon in Kalifornien lebt. Zu Beginn des Romans erinnert er sich daran, wie er auf dem Weg zu den Recyclingcontainern mit seinem gepflegten japanischen Auto einen Mann anfährt, der sich plötzlich vor ihm auf der Fahrbahn befindet. So unerwartet, wie der Mann aufgetaucht ist, ist er auch wieder verschwunden. Delaney kann sich nicht erklären, wie es zu diesem Unfall gekommen ist, aber er macht sich Gedanken, was mit dem Mann geschehen ist. Er steigt aus seinem kaum beschädigten Wagen und sucht nach ihm. Schon befürchtet er, dass es sich um einen getürkten Unfall einer Gang handelt, als er ein leises, aber deutlich hörbares Stöhnen im Gebüsch vernimmt. Er entdeckt einen auf dem Rücken liegenden, schwerverletzten und blutverschmierten Mexikaner und fragt ihn, ob er ihm helfen könne. Der Mexikaner setzt sich stöhnend auf und gibt zu verstehen, dass er keinen Arzt will. Delaney spürt, dass dieser Mann ihn nicht belangen wird. Als er ihm anbietet, ihn mitzunehmen und ihm zu helfen, grinst der Mexikaner ihn an und bittet ihn um Geld. Delaney gibt ihm 20 Dollar, mit denen der Mexikaner im Gebüsch verschwindet.

Der Verletzte geht Delaney nicht aus dem Kopf. Möglicherweise hat er eine ärztliche Behandlung verweigert, weil er als illegaler Einwanderer befürchtet, abgeschoben zu werden. Er hat etwas gegen diese Leute aus dem Süden, die den schönen Topanga State Park und den Fluss verschmutzen. Sie scheinen überall zu sein, um nach Arbeit und Essbarem zu suchen.

Delaney fährt seinen Wagen zum Autohändler, um das gesprungene Scheinwerferglas austauschen und den Blinker reparieren zu lassen. Dem Händler sagt er, er habe wohl einen Hund oder Kojoten angefahren. Er lügt, weil er weiß, dass er den Mexikaner im Stich gelassen und ihn mit dem Geld abgespeist hat. Seiner Frau Kyra sagt er am Telefon die Wahrheit. Sie ist wütend, weil ihr Mann nicht ihren Anwalt Jack Jardine, Vorsitzender der Eigentümergesellschaft von Arroyo Blanco, zu Rate gezogen hat. Sie hat Angst, dass irgendein Winkeladvokat versuchen könnte, Schmerzensgeld aus ihnen herauszupressen.

Teil1, Kapitel 2, S. 16–29

Cándido, der mit seiner Lebensgefährtin América sein Dorf in Mexico verlassen hat, um in den USA sein Glück zu versuchen, ist schwerverletzt. Noch nie im Leben, nicht einmal auf der Müllhalde in Tijuana, ist es ihm so schlecht gegangen. Er humpelt mit schmerzverzerrtem Gesicht durch das Gebüsch zurück Richtung Lagerplatz im Canyon. Auf dem Pfad dorthin findet ihn seine schwangere Lebensgefährtin América, die von ihrem langen Marsch aus Venice zurückgekehrt ist, wo sie versucht hat, einen Job als Näherin zu bekommen. Die Adresse, die sie von einer Frau aus Guatemala bekommen hatte, war offenbar falsch. Auf dem Rückweg hat sie sich mehrfach verlaufen und ist jetzt total erschöpft und mutlos. Zuerst nimmt sie an, Cándido sei betrunken und Wut kommt in ihr hoch. Doch dann sieht sie, dass er sich vor Schmerzen kaum bewegen kann.

Cándido träumt von seiner Vergangenheit als Junge in Tepotzlán, vor allem von seiner Mutter, für deren Tod er sich verantwortlich fühlt, da er das Ave Maria und das Vater Unser nicht gebetet hatte. Lange Zeit kann Cándido vor Schmerzen und Erschöpfung nichts essen. Américas Bemerkung, er brauche einen

Arzt, überhört er. Er weiß, dass ein Arztbesuch dazu führen würde, dass er und América von der „Migra", der US Grenzpolizei, nach Mexiko zurückgeschickt werden würden. Er ist sich sicher, dass er nicht sterben wird, obwohl er eine schwere Gehirnerschütterung hat, sein Gesicht blutverkrustet, sein linker Gesichtsknochen eingedrückt, seine Hüfte offenbar angebrochen ist und sein linker Arm bewegungslos herunterhängt. In der Nachmittagshitze des zweiten Tages – América hat fast alle Hoffnung aufgegeben und spielt mit dem Gedanken, sich zu ertränken – wacht Cándido auf und will von den zubereiteten Bohnen essen. Er ist wieder ansprechbar. Für mehr als drei Stunden, so América, sei er völlig von Sinnen gewesen, um dann in einen trance-ähnlichen Schlaf zu versinken. Cándido behält das Essen bei sich, das Fieber ist zurückgegangen. Aber an Arbeit ist nicht zu denken. Am Morgen des vierten Tages nach dem Unfall versucht América, den Lagerplatz heimlich zu verlassen. Sie will die Straße hinauf zur Arbeitsvermittlung gehen, um Arbeit zu suchen. Aber Cándido ist dagegen. Er ist in seinem Mannesstolz verletzt und fühlt sich alt und nutzlos. Er, der América ihrem Vater weggenommen hat, um mit ihr im Norden eine Existenz aufzubauen, fühlt sich für sie verantwortlich und hat Angst, dass sie sich verläuft und belästigt wird. Er erinnert sich an das allein gelassene 12-jährige Mädchen in Tijuana, das von Junkies und Betrunkenen vergewaltigt wurde. Deswegen will er selbst auf Arbeitssuche gehen, obwohl er sich kaum auf den Beinen halten kann. América meint, sie könne bei der Ernte von Salat und Obst helfen. Cándido belehrt sie, dass es in dem Häusermeer von Los Angeles keine Felder gäbe. Aber es sind diese Häuser, nach denen América sich sehnt. Sie sehnt sich nach einem sauberen, einfachen weißen Haus mit Garten in den Bergen, ausgestattet mit Kühlschrank, Gasherd, Waschmaschine und Staubsauger – Dingen, die Cándido „the glitter of the North" nennt. Aber die Realität sah von Anfang an anders aus. An der Grenze ausgeraubt, mussten sie unter Brettern auf der Müllhalde ihr Leben fristen, ehe sie mit ein paar verdienten Dollar die Grenze überqueren konnten, um sich dann wie die Ratten in einem Loch an einem Bach zu verstecken.

América dreht sich noch einmal zu ihrem Mann herum und sagt bevor sie geht, sie könne sicherlich irgendwo den Boden säubern oder den Herd putzen. Cándidos „ja, vielleicht" klingt nicht ermutigend.

Teil 1, Kapitel 3, S. 30–47
Delaney und Kyra Mossbacher leben in einem Haus der vornehmen Wohnanlage Arroyo Blanco am oberen Ende des Topanga Canyon in Südkalifornien. Delaney kümmert sich um seinen verzogenen 6-jährigen Stiefsohn Jordan, zwei weiße Terrier, Osbert und Sacheverell, und eine siamesische Katze mit dem Namen Dame Edith. Er schreibt eine monatliche Kolumne, „Pilgrim at Topanga Creek", für die Zeitschrift *Wide Open Spaces* und macht sich Sorgen um die Überbevölkerung, die globale Erwärmung und die zunehmende Versteppung und Verwüstung der Erde. Delaney und Kyra sind Vegetarier und Nichtraucher, Mitglieder der Demokratischen Partei und verschiedener wohltätiger Clubs und joggen gern.

Beim Frühstück unterhalten sich Kyra und ihr Mann über ihren arbeitsreichen Tag als Maklerin. Plötzlich hören sie den Schreckensschrei eines der beiden Terrier. Sie laufen aus dem Haus und sehen, wie ein Kojote mit einem weißen Hund im Maul über den Zaun ihres Anwesens setzt. Der Kojote ist trotz seiner Last im Nu im Gebüsch verschwunden. Die Mossbachers haben keine Chance, ihn einzuholen. Verzweifelt bittet Kyra ihren Mann, weiter nach dem Hund zu suchen. Delaney gibt den Kojoten keine Schuld. Die Verantwortung dafür trügen die Menschen, insbesondere die Immigranten, die die Kojoten aus ihrem angestammten Terrain verdrängt haben und die Weißen der Wohnanlagen, die achtlos Essensreste in der Natur deponieren.

Am selben Tag findet eine Versammlung der Anwohner von Arroyo Blanco im Gemeinschaftszentrum statt, auf der über ein bewachtes Tor abgestimmt werden soll, das die Haupteinfahrt zur Wohnanlage vor den illegalen Einwanderern schützen soll. Für Delaney ist das Tor eine Absurdität, denn er liebt die freie Natur. Aber wenn Tore und Zäune dem Schutz der Gemeinschaft vor Verbrechern dienen, dann wird er sie hinnehmen müssen. Delaney meldet sich zu Wort und will die Versammlung darüber informieren, dass es gefährlich ist, Kojoten zu füttern und hält als Beweis die angenagte Pfote seines toten Hundes Sacheverell, die er im Gebüsch gefunden hat, in die Luft. Er wird aber gebeten zum Thema zu reden und verlässt frustriert den Versammlungsraum. Während die von Jack Jardine, dem Präsidenten der Eigentümergesellschaft Arroyo Blanco, geleitete Versammlung den Bau des Tores beschließt, führt Delaney ein Gespräch mit dem 18-jährigen Sohn von Jack Jardine über die Versammlung und über seinen Unfall mit Cándido. Es fällt ihm auf, dass Jack Jr. sich besonders für die örtlichen Details des Unfalls interessiert.

Teil 1, Kapitel 4, S. 48–62

Früh am Morgen geht América erneut zur Arbeitsvermittlung. Am Nachmittag kommt sie zurück, ohne Arbeit gefunden zu haben. Am Morgen darauf warnt Cándido sie erneut vor den Nordamerikanern und der Falschheit der mexikanischen Landarbeiter. Wütend verbietet er ihr, noch einmal zu versuchen, Arbeit zu finden. Aber América geht erneut auf die Suche, weil sie weiß, dass sie ohne Geld nicht überleben können.

Cándido bleibt deprimiert und in seinem Mannesstolz verletzt zurück. Er erinnert sich an die vier Jahre alte América, die bei seiner Hochzeit mit Resurrección, ihrer älteren Schwester,

Blumenmädchen gewesen war. Damals war er 20 Jahre alt und galt als „Gott" in Tepoztlán, der das große Geld in Nordamerika verdiente und dessen Frau geduldig auf ihn wartete, bis er wieder aus den USA zurückkam. Aber jedes Jahr wurde das Warten länger und die Einsamkeit größer. Einige der wenigen Männer, die zurückblieben, nutzten die Einsamkeit der Frauen aus und setzten den fernen Ehemännern Hörner auf. So kam es, dass Resurrección im sechsten Monat von Teófilo Aquadulce schwanger war, als Cándido zurückkam. Es war América, die es ihm sagte. Als Cándido seinen Rivalen auf der Plaza von Tepoztlán herausforderte, warf dieser ihn in den Schmutz. Von da an ging es bergab mit Cándido. Er trank und lungerte herum. Nach einem fehlgeschlagenen Grenzübertritt, zog er zu seiner Tante und versuchte sich als Köhler. Zu dieser Zeit fiel sein Auge auf die hübsche 16-jährige América. Dann nahm er sie mit nach Kalifornien, wo sie sich ein neues Leben aufbauen wollten.

Cándido und América waren vor den Augen der Kirche niemals verheiratet. Aus Sicht der katholischen Kirche ist Cándido noch mit Américas Schwester Resurrección verheiratet. Umso schmerzlicher wird ihm bewusst, dass er ohne América nicht mehr leben kann. Er macht sich große Sorgen um seine junge Frau, die allein der feindlichen Männerwelt ausgesetzt ist. Auf einmal hört er laute Schreie von weißen Nordamerikanern. Er nimmt an, dass es die Grenzpolizei ist, die sie entdeckt hat und versteckt sich.

América wartet bei der Arbeitsvermittlung vergeblich auf Arbeit. Candelario Pérez, den die Arbeitssuchenden informell zum Vermittler ernannt haben, sagt ihr, dass es kaum Arbeit für Frauen gäbe. Die Männer um sie herum, ihre eigenen Landsleute, starren sie gierig an. Vor den vorbeifahrenden Weißen hat América ebenso Angst. Die hungrigen, harten Blicke der frustrierten Mexikaner erinnern sie an die mexikanischen „Tiere", die sie und Cándido an der Grenze überfallen hatten, nachdem der Kojote, der Schleuser, ein Zeichen dazu gab. Mit diesen Gedanken geht sie die Straße hinunter.

Cándido hört die Stimmen der Weißen im Canyon immer näher kommen. Es sind keine Grenzbeamten, sondern zwei Jugendliche in Baggy Shorts, die, obszöne Flüche ausstoßend, Cándidos und Américas Lager verwüsten und ihren gesamten Besitz in den Bach werfen. Erst nach einer halben Stunde wagt Cándido sich hervor und rettet ein paar ihrer Sachen aus dem Bach. Erst da bemerkt er die auf die Felsen gesprühte Botschaft: „Beaners Die!" (Tod den Bohnenfressern!).

Teil 1, Kapitel 5, S. 63–79

Nachdem er die Anwohnerversammlung verlassen hat, geht Delaney Mossbacher zurück zu seinem Haus. Er genießt den direkten Kontakt mit der freien Natur. Die Atmosphäre von Frieden und Ruhe wird jedoch gestört durch ein großes, altes amerikanisches Auto, aus dem laute Musik ertönt und das ihm in den Piñon Drive hinein folgt und dann neben ihm fährt. Erst als er im Haus ist, wird er sich der Gefahr bewusst, in der er sich befunden hat. Wäre die Einfahrt zur Wohnanlage durch ein Tor gesichert gewesen, wäre der Wagen wohl nicht in die Straße gefahren.

Bevor er das Schlafzimmer betritt, in dem Kyra sehnsüchtig auf ihn wartet, legt er Sacheverells abgerissene Pfote in den Gefrierschrank. Mitten im Liebesspiel erkundigt sich Kyra nach ihrem Hund. Delaney sagt ihr die Wahrheit. Die entsetzte Kyra holt die Pfote aus dem Gefrierschrank, wirft sie aber zurück, als der überlebende Osbert hereinkommt.

Am nächsten Tag fühlt sich Kyra elend. Die blutige Vorderpfote, einziges Überbleibsel ihres toten Hundes, geht ihr nicht aus dem Sinn. Sie bekommt Kopfweh und kann sich nicht mehr richtig auf ihre Verkaufsgespräche und die anschließende Büroarbeit konzentrieren. Erst die Musik im Auto bringt ihr Entspannung. Für das Da Rosa-Anwesen, das sie wie vier andere Häuser jeden Abend zu kontrollieren hat, nimmt sie sich besonders viel Zeit. Sie fühlt sich dort wohl. Dennoch bleibt heute ein Gefühl von Unbehagen und Niedergeschlagenheit, das sie am Sinn ihres Maklerberufes zweifeln lässt. Sie hat, ganz kurz nur, eine Vision ihres eigenen Endes. Je mehr sie an ihr Zuhause und ihre Familie denkt, umso nervöser wird sie. So bleibt sie in dem schönen Haus und spürt, dass sie es eigentlich nie mehr verlassen will.

Am nächsten Morgen sitzt Delaney in seinem Arbeitszimmer und schreibt an seiner Kolumne. Er ist der einsame Pilger, der in die Santa Monica Berge klettert und das Lied der Bäume, Pflanzen und Tiere singt. Er wartet auf etwas, das ihn die negativen Zeichen der modernen Zivilisation und die Umweltverschmutzung vergessen lässt. Dann hört er den Chor der Kojoten, das Lied der trickreichen Überlebenskünstler. Er hat das Gefühl, dass sie für ihn in der lauen Nacht singen. Delaney lauscht dem Gesang, wie er zu Hause Mozart oder Mendelssohn lauscht, und ist mit sich und der Welt zufrieden.

Teil 1, Kapitel 6, S. 80–97

Auch am fünften Tag versucht Cándido, América davon abzubringen, zur Arbeitsvermittlung zu gehen. Sie wirft ihm vor, dass er sich nicht gegen die weißen Halbstarken gewehrt habe. Außerdem könne er sich sowieso kaum bewegen und sei zu nichts nütze, also könne er ihr auch nicht verbieten zu arbeiten. Cándido ist erzürnt, dass sie ihm noch Tritte versetzt, wo er sowieso schon am Boden liegt. Er schlägt sie und nennt sie eine Hure. Sie kann ihren Mann verstehen, ist aber zutiefst verletzt durch seine beleidigenden Worte. Dann geht sie.

Bei der Arbeitsvermittlung lädt ein weißer Mexikaner, der seine Baseballmütze verkehrt herum trägt, sie zu einer Tasse Kaffee ein. Er hat Streit mit dem Arbeitsvermittler Candelario Perez. Nach dem Streit nähert er sich América und hält seine Annäherungsversuche für gerechtfertigt, weil er ihr einen Kaffee ausgegeben hat. Er berührt ihr Kinn mit seinen schmutzig-rußigen Fingern und nennt ihr seinen Namen: José Navidad. Schließlich wird er aufdringlich und hält sie am Fuß fest. Nur mit Mühe kann América sich von ihm losreißen. Gegen 9.30 Uhr fährt der dicke Jim Shirley in seinem teuren Auto auf den Platz. Er sucht Arbeiter. Candelario ruft Américas Namen und sie geht zum Wagen. Plötzlich drängt sich Mary, eine große Hippie-Frau mit Nasenring, vor. Daraufhin spricht Candelario noch einmal mit Jim Shirley. Am Ende nimmt dieser Mary und América mit.

Cándido denkt an die gefährlichen Jungen, die ihm fast alles genommen haben und an América, wie sie sich nach den Schlägen von ihm abwandte. Er verlässt den alten Lagerplatz flussaufwärts und richtet einen neuen ein, zu dem man durch ein größeres Wasserloch waten muss. Nach getaner Arbeit schläft er ein. Als er aufwacht, denkt er mit Schrecken an América, die nicht weiß, wo er ist. In panischer Angst erreicht er das alte Lager, aber América ist nicht da. Dann steigt er den Berg hinauf. Auf halbem Weg kommt ihm José Navidad entgegen. Cándido sagt ihm auf seine Fragen, dass sein Lager von jungen weißen Halbstarken zerstört worden und er nun mittellos sei. Als er ihn um etwas zu essen bittet, geht Navidad achtlos weiter. Auf der Straße angelangt, sucht Cándido weiter nach seiner Frau. Auch beim chinesischen Lebensmittelladen findet er sie nicht.

América schrubbt mit Mary von morgens bis abends für Jim Shirley Steinbuddhas mit einem Lösungsmittel sauber. Als ihr Arbeitgeber um 19.15 Uhr zurückkommt, haben die Frauen anstatt der vereinbarten sechs acht Stunden gearbeitet. Nur Mary bekommt die zwei Überstunden ausbezahlt. Auf der Fahrt zurück setzt Shirley Mary vorher ab und América muss sich nach vorn setzen. Sie ist glücklich über den Verdienst, bis sie bemerkt, dass der Mann neben ihr mit seiner fetten Hand an ihre Oberschenkel fasst. Sie tut nichts dagegen. Aber am liebsten hätte sie sich in die Dornensträucher gestürzt, um der Schande zu entgehen.

Teil 1, Kapitel 7, S. 98–120

Delaney geht mit seinem Stiefsohn Jordan zum Supermarkt. Dort trifft er auf seinen Nachbarn Jack Jardine. Sie diskutieren über die Einwandererfrage. Delaney hält Jacks Meinung, es gäbe zu viele Immigranten, für rassistisch. Irgendwann habe sich jede Immigrantengruppe erfolgreich in den USA assimiliert. Mit dem Tor könne er sich abfinden, denn es diene der Verbrechensbekämpfung in Arroyo Blanco. Beim Geschenkeladen am anderen Ende des Parkplatzes wird Delaney Zeuge eines Streites zwischen einem weißen Lkw-Fahrer und einem Mexikaner. Delaney erkennt Cándido, der nach einem gewaltigen Schubs des Lkw-Fahrers in sein Auto taumelt. Cándido schaut den weißen Mann, der ihn fast zu Tode gefahren hat, an – einen langen Moment – und verschwindet.

Inzwischen zeigt Kyra der Unternehmerfamilie Greutert das Da Rosa-Anwesen. Allerdings ist sie dabei sehr zurückhaltend, denn im Grunde will sie das Haus selbst haben. Es dauert zwei Stunden bis zur Entscheidung des Ehepaars, das Haus nicht zu kaufen.

Derweil sitzt Delaney zu Hause vor dem Schreibtisch. Er hat eine Schreibblockade, da ihm Cándido nicht aus dem Sinn geht. So beginnt er seinen Nachmittagsspaziergang. Er parkt sein Auto an der Canyon Road, um von da aus in den Canyon hinunterzuwandern. Auf dem Weg nach unten geht er an Schlafsäcken vorbei. Der überall verstreute Müll kommt für Delaney einer Umweltkatastrophe gleich. Er wendet sich ab und marschiert ein Stück aufwärts in die freie Natur. Dann hört er die Stimmen zweier Männer, die spanisch sprechen. Er denkt sofort an Raubüberfälle, Gewaltanwendung und Vergewaltigungen. Unvermittelt sieht er in das Gesicht des Latinos, der seine Kappe verkehrt herum trägt: José Navidad. Beide haben offenbar Angst und Respekt voreinander. Die Mexikaner sagen ein paar Worte zu ihm. Aber Delaney will kein Gespräch. Man müsste den Sheriff bitten, diese Umweltsünder so schnell wie möglich wieder in ihre Slums zu bringen, so denkt er. Ohne ein weiteres Wort macht Delaney sich auf den Weg zurück zu seinem Auto. An der Straße angelangt, sieht er kurz in die Richtung, wo sein Auto stehen müsste: Es ist verschwunden. Er schaut noch einmal die Straße entlang: umsonst. Auch der Polier einer Gruppe von mexikanischen Straßenarbeitern hat sein Auto nicht gesehen. Nach drei Meilen Fußmarsch durch das Gestrüpp erreicht Delaney einen Laden. Von dort telefoniert er mit dem Abschleppdienst und der Polizei. Auch sie wissen nichts über sein Auto. Am Ende ruft er seine Frau Kyra an, informiert sie über sein Missgeschick und bittet sie, ihren Anwalt Jack Jardine anzurufen.

Teil 1, Kapitel 8, S. 121–142
Nach der Auseinandersetzung auf dem Parkplatz ist Cándido verzweifelt. Er fragt sich, was der rothaarige Mann, der ihn vor einer Weile fast totgefahren hat, gegen ihn hat und warum sein rothaariger Sohn, wie er fälschlicherweise annimmt, sein Lager zerstört hat. Er versteckt sich im Gebüsch und beobachtet den Supermarkt, um América abzupassen. Endlich fährt ein Mercedes vor dem Laden vor. América steigt aus und geht in den Supermarkt. Cándido kommt aus seinem Versteck und folgt seiner Frau in den Laden. Sie sind froh, wieder zusammen zu sein und kaufen mit einem Teil des Geldes, das América verdient hat, Lebensmittel ein. Als sie mit ihren Einkäufen unten im Flussbett ankommen, ist es schon dunkel und es gelingt ihnen nur mit Mühe, durch das Wasser zu waten, um zu ihrem neuen Lager zu gelangen. Dort kochen sie sich eine Mahlzeit und stillen ihren Hunger.

Am nächsten Morgen sind Cándido und América die ersten bei der Arbeitsvermittlung. Cándido geht es langsam besser. Aber er hat immer noch Angst, dass ihn wegen seiner Verletzungen keiner nimmt. Nach einer Weile kommen die weißen Unternehmer in ihren Trucks und Pickups, um Arbeiter abzuholen. Cándido allerdings geht leer aus. Um 9.30 Uhr fährt Jim Shirley wieder vor und holt América zum Säubern seiner Buddha-Figuren ab. Nachdem sie eine Weile Buddhas geschrubbt hat, tränen ihre Augen. Ihre Hände schmerzen, platzen auf und schälen sich. Offenbar ist die Reinigungslösung stärker als sonst. América geht in das Bad, um sich ihre Hände zu waschen. Nach drei weiteren Buddhas ruft sie verzweifelt nach ihrem Boss, denn ohne Handschuhe kann sie nicht mehr arbeiten. Als der ihre Hände sieht, flucht er und besorgt ihr die Handschuhe. Trotz tränender Augen und kaputten Händen arbeitet sie weiter. Um 18.00 Uhr fährt sie der Boss zurück zum Parkplatz des Supermarkts und gibt ihr 25 Dollar für die geleistete Arbeit. Sie kauft ein paar Dinge im Laden und wartet dann eine ganze Weile vergeblich auf Cándido. Schließlich macht sie sich auf den Rückweg zu ihrem Unterschlupf im Canyon. Als sie die Stelle auf dem Pfad mit dem großen aus der Erde ragenden Felsen erreicht hat, hört sie ein Geräusch im Unterholz. Sie denkt, es seien Tiere und will sie vorbeilassen. Als sie in den Schatten des Felsens tritt, trifft sie auf José Navidad und einen Indio, die offenbar auf sie gewartet haben. Schnell dreht sie sich um und läuft den Berg wieder hoch. Aber die beiden Männer holen die schwangere América im Nu ein. José wirft sich auf sie, reißt ihr die Kleider vom Leib und vergewaltigt sie.

Teil 2, Kapitel 1, S. 145–165
Delaney kauft beim Autohändler Kenny Grissom einen neuen Acura. Dieser meint, solche Klassewagen würden im großen Stil von mexikanischen Profis auf Bestellung gestohlen. Da könne man nichts machen. Die Polizei zeigt ebenfalls wenig Interesse, den Diebstahl aufzuklären. Für Jack Jardine ist das alles kein Wunder bei den vielen kriminellen Ausländern, die es sich auf Kosten des amerikanischen Steuerzahlers gut gehen lassen.

Delaney fährt vorsichtig mit seinem neuen Auto zu dem indischen Restaurant, in dem er sich mit Kyra zum Mittagessen verabredet hat. Kyra, die keine Zeit hat, drängt ihren frustrierten und deprimierten Ehemann, schnell zu essen. Draußen auf dem Parkplatz sehen sie einen Hund, der bei der Hitze in einem Jeep Cherokee eingeschlossen ist. Kyra ist empört, eilt zurück in das Restaurant und bittet den Eigentümer des Wagens, sich zu melden. Aber sie bekommt keine Antwort. Zurück auf dem Parkplatz, sehen sie einen Mann vor dem Jeep. Kyra macht ihm Vorhaltungen, doch er reagiert kaum. Als sie ihm mit dem Tierschutzverein droht, wird er wütend und beleidigt Kyra und Delaney, bevor er davonbraust.

Auf der Fahrt zur Canyon Road wird Delaney die unerhörte Beleidigung erst richtig bewusst. Er stellt sein Auto auf einem engen Parkstreifen ab, um zu wandern. Aber er geht nicht weit, da ihm klar ist, wie unbeobachtet das Auto da steht. Er verbirgt sich in den Büschen ganz in der Nähe, kurz davor, dem Verfolgungswahn zu erliegen, und wartet.

Seiner Frau Kyra geht es schon wieder besser. Sie ist auf dem Weg zu den Kaufmanns, denen sie nach dem Kauf eines Hauses zwei Gutscheine schenken möchte und lenkt sich erfolgreich durch Musik aus ihrer Stereoanlage ab. Auf dem Weg zu ihren Kunden sieht sie eine Gruppe von Mexikanern auf dem Parkplatz von 7-Eleven. Sie ist sich bewusst, dass dies potentielle Käufer für die Häuser des vornehmen Viertels fünf Blocks weiter abschrecken würde. Nach ihrem Einkauf im Laden geht sie auf die Männer zu. Sie schaut auf die billigen heruntergekommenen Apartmenthäuser entlang des Boulevards und weiß, dass irgendetwas gegen diese Leute getan werden muss. Sie wird Mike Bender, ihren Chef, bitten, diese Versammlungen der Mexikaner stoppen zu lassen. Die Kaufmanns sind entzückt über ihr Geschenk und als sie zu Hause ankommt, steht Al Lopez mit seinem Lkw vor ihrem Haus. Er erhöht mit seinen Arbeitern den

Zaun um ihr Grundstück, um den verbliebenen Schoßhund Osbert vor den Kojoten zu schützen. Auch ein Schutz gegen die Klapperschlangen wird auf Anraten Al Lopez' eingebaut. Einer der Arbeiter ist Cándido. Kyra erkennt ihn an seinem hinkenden Gang und seinem geschwollenen verschrammten Gesicht. Später, als sie auf ihrer Kontrollrunde das Da Rosa-Anwesen kontrolliert, bemerkt sie einen Einkaufswagen. Er gehört, so denkt sie, sicherlich einem jener alkoholisierten Penner, die die Gegend unsicher machen. Zur Sicherheit macht sie noch einen kleinen Rundgang durch den Park. Plötzlich fällt ihr eine Bewegung auf dem Rasen vor dem Haus auf und im nächsten Moment kommen ihr zwei Mexikaner entgegen. Der Größere trägt eine Baseballkappe verkehrt herum auf dem Kopf. Sie herrscht ihn an, dies sei Privatbesitz und das Betreten des Grundstücks Hausfriedensbruch. José Navidad schaut sie mit hasserfüllten Augen an und sie erkennt das Potential an Grausamkeit, das in ihm steckt. Die Frage, ob sie die Besitzerin sei, bejaht sie und fügt hinzu, ihr Mann und Bruder seien im Haus. José Navidad entschuldigt sich und wünscht einen schönen Tag, nicht ohne durch sein Grinsen den Eindruck zu hinterlassen, dass er ihr kein Wort glaubt.

Teil 2, Kapitel 2, S. 166–182
Cándido hat nach langem Warten Arbeit bei Al Lopez gefunden, einem Nordamerikaner, dessen Familie aus Mexiko stammt. Er setzt Betonpfähle und streicht das Innere von Häusern, die, wie er sich erinnert, vor sechs Jahren noch nicht da waren.

Damals war er erst in Idaho zur Kartoffelernte. Als es keine Arbeit mehr gab, entschloss er sich, auf Anraten seines Freundes Hilario zu dessen Bruder nach Canoga Park zu kommen. Er und vier weitere Mexikaner kauften sich einen 1971er Buick Electra und machten sich auf den Weg. In Oregon blieben sie mit dem Wagen liegen. Als ein Streifenwagen hinter ihnen hielt, verschwanden alle, bis auf Hilario, der sich über den Motor gebeugt hatte. Cándido rannte, bis er zwei Kilometer weiter in einem Graben vor einem Farmhaus zusammenbrach. Der weiße Farmer, den er am nächsten Morgen aufsuchte, ließ ihn sich aufwärmen, gab ihm zu essen und rief eine junge spanischsprechende Frau an, die ihn in ihrem Auto zur nächsten Bushaltestelle brachte. Von dort fuhr er nach Canoga Park und fand über Hilarios Cousin Arbeit. Er sandte Geld nach Hause zu Resurrección und telegrafierte, dass er Weihnachten zu Hause sei. Hilario, so erfuhr er, hatte man von Oregon nach Mexiko abgeschoben und ihm seine gesamte Habe genommen. Cándido gefiel die Arbeit in Canoga Park gut und er fühlte sich wohl. Dann gab jemand der „Migra" einen Tipp und eines Morgens wurden er und weitere Hundert Mexikaner aufgegriffen und in einer langen Reihe gefilzt.

Eine innere Stimme befahl ihm wegzulaufen. Zwei junge Mexikaner folgten ihm. Beim Überqueren der 8-spurigen Schnellstraße kamen die beiden ums Leben. Das Trauma dieses Erlebnisses trieb Cándido von Garten zu Garten, bis er zum Topanga Canyon gelangte. Damals hatte er den Canyon zum ersten Mal gesehen und jetzt war er mit América wieder dort.

Sehr spät kommt er von Al Lopez' Baustelle zu América zurück. Sie ist dabei, ihr zerissenes Kleid zu nähen. Auf seine Worte reagiert sie nicht und scheut vor jeder Berührung zurück. Cándido bemerkt die Kratzer an ihrem Nacken und befürchtet, dass man ihr Gewalt angetan haben könnte. Die beiden Herumtreiber, so América, hätten ihr das gesamte Geld genommen. Von der Vergewaltigung durch José sagt sie Cándido trotz mehrfachen Nachfragens nichts.

América verspürt inzwischen jedes Mal, wenn sie uriniert, ein fürchterliches Brennen; vielleicht eine Nachwirkung der Vergewaltigung. Cándido lässt sie jetzt nicht mehr zur Arbeit gehen und so wartet sie Tag für Tag auf ihren Mann, liest ihre billigen

Groschenromane über den Norden und versucht, die schmutzigen Mexikaner zu vergessen.

Eines Abends sitzt Cándido am Feuer unten im Canyon und isst und trinkt ausgiebig. Er ist frustriert, da Al Lopez ihm gekündigt hat. América sitzt etwas abseits und probiert die von ihm gekauften Umstandskleider an. Cándido fragt América erneut, ob ihr die „Vagos" (Landstreicher) mehr als das Geld genommen hätten. Er will ihr keine Vorwürfe machen, aber sie doch irgendwie verletzen und er weiß, dass er ihr in die Hütte folgen, sie beschimpfen und verprügeln wird, um seinen eigenen Schmerz zu vergessen. Zugleich ist all das so pervers für ihn, dass er sich den Tod wünscht.

Teil 2, Kapitel 3, S. 183–194

Es ist ein schöner Sonntagabend. Kyra und Delaney liegen am Pool und genießen den würzigen Duft ihres Grills. Nach den Katastrophen – Delaneys Unfall mit Cándido, dem Verlust Sacheverells und dem Diebstahl des Autos – ist wieder etwas Ruhe eingekehrt. Kyra teilt Delaney mit, sie habe mit den Mexikanern an den Straßenecken von Shoup Avenue aufgeräumt. Ein Anruf bei Mike Bender, ihrem Chef, hätte genügt. Delaneys Replik „Mexicans" zeigt, dass er keine Bedenken und Schuldgefühle mehr hat. Zwar überlegt er noch, dass auch Illegale unveräußerliche Rechte haben, wie in der Verfassung dargelegt, aber im Grunde stimmt er jetzt seiner Frau Kyra zu, die meint, es gäbe zu viele davon. Durch dieses Gespräch erinnert er sich an das gesellschaftliche Zusammensein vor zwei Tagen bei Dominick Flood.

Flood muss wegen einiger dubioser Investitionen drei Jahre lang eine elektronische Fußfessel tragen. Auch Jim Shirley, Américas Arbeitgeber, war anwesend. Shirley hatte vorgeschlagen, sich eine Geheimnummer geben zu lassen. So könnte man verhindern, dass als Gartenarbeiter getarnte Diebe Zugang zu ihrem Viertel erhielten und ihre Häuser ausraubten, nachdem sie durch einen Telefonanruf festgestellt hatten, dass niemand zu Hause sei. Auch das Tor sei nur ein Notbehelf. Zu Fuß könnte man von Süden her jederzeit in die Wohnanlage hinein. Delaneys Vermutung, es sei eine Mauer um ihre Wohnlage geplant, wurde von niemandem dementiert. Erwähnt wurde der Fall von Sunny Di Mandia, einer 62-jährigen Frau, die ihre Hintertür aufgelassen habe. Die Männer, die ungebeten hereinkamen, hatten sie vergewaltigt. Man hielt auch die Auflösung der Arbeitsvermittlung für richtig und fragte sich, warum man Mexikanern Arbeit geben sollte bei 10 % Arbeitslosigkeit unter der weißen Bevölkerung.

Diese Dinge gehen Delaney durch den Kopf. Kyra hatte an der Ecke von Shoup Avenue aufgeräumt und Dominick Flood hatte dafür gesorgt, dass die Arbeitsvermittlung verschwand. Delaney überlegt, ob es sinnvoll sei, alle Mexikaner zurück nach Mexiko zu schicken. Vom Studium der Wanderung von Tierarten weiß er, dass eine Population, die von einer anderen verdrängt werden soll, mit Gewalt und Mord reagiert. Wenn eine Gruppe die andere genügend dezimiert hat, hat sie ihren Anspruch zu jagen und das Recht, sich zu vermehren, durchgesetzt.

Delaney versucht diese Gedanken loszuwerden und lädt Kyra und seinen Stiefsohn Jordan ins Kino ein. Jordan ist begeistert, aber Kyra möchte nicht, da sie zu viel Arbeit hat. Sie unterhalten sich noch ein wenig. Plötzlich ändert sich Kyras Gesichtsausdruck und dann sieht auch Delaney den Kojoten, der innerhalb des Zauns ist und sich an Osbert, den zweiten Hund, anschleicht. Sofort ist er bei ihm, packt ihn im Nacken, flitzt über den Rasen, erklettert den Zaun, springt ab und verschwindet. Delaney, der um das Haus herum zum Seitentor laufen muss, kommt zu spät.

Teil 2, Kapitel 4, S. 195 – 210

Mit der Rodung von Gestrüpp in einem Neubaugebiet hat Cándido fünf Tage hintereinander Arbeit. Jeden Nachmittag werden er und sein Mitarbeiter bar ausbezahlt. Am fünften

Nachmittag behauptet ihr Boss, er sei nicht flüssig und werde am nächsten Morgen bezahlen. Cándido sieht ihn nicht wieder und ist um einen Tageslohn betrogen. Danach findet er keine Arbeit mehr. Frustriert und wütend baut er den Unterschlupf aus und fängt trickreich Vögel und Echsen, die er zum Essen brät. Am nächsten Morgen will er wieder zur Arbeitsvermittlung, muss aber feststellen, dass sie nicht mehr existiert, da der Eigentümer des Grundstücks das Betreten des Geländes bei Strafe untersagt hat. Cándido und die anderen Mexikaner verstehen nicht, dass die „gringos" sie nicht mehr wollen. Candelario Pérez, der Aufseher der Arbeitsvermittlung, empfiehlt den Mexikanern zu verschwinden, da mit Razzien der „Migra" zu rechnen sei. Cándido weiß, dass er und América jetzt ihren Lagerplatz verlassen müssen, um zu überleben. In das bankrotte und korrupte Mexiko können sie nicht zurück. Jetzt, wo sie sich genügend angespart haben, um eine kleine Wohnung zu mieten und die Hoffnung besteht, einen längerfristigen Arbeitsplatz zu finden, hält Cándido den Reichtum und die Privilegien der weißen Amerikaner für unverdient und ungerechtfertigt. So in Gedanken versunken läuft er ziellos über den Parkplatz, bis er einen blauschwarzen Toyota Lexus mit heruntergelassenen Fensterscheiben sieht und auf den Wagen zugeht. Er ist gerade dabei, in den Wagen zu fassen, um die auf dem Sitz liegende Mappe und die Handtasche zu ergreifen, als eine elegante hellblonde Amerikanerin – es ist Kyra Mossbacher – direkt auf ihn zusteuert, seine Hand berührt und ein paar Münzen hineingleiten lässt.

Als América hört, dass die Arbeitsvermittlung aufgelöst ist, macht sie ein unbeteiligtes Gesicht. In Wirklichkeit freut sie sich auf die Annehmlichkeiten der großen Stadt, in die sie nun gehen werden. Cándidos Zögern – er will weiter oben auf dem Canyon nach Arbeit suchen – macht América innerlich wütend. Da es hier nun keine Arbeit mehr gibt, ist die Stadt mit ihren Chancen und Möglichkeiten dem elenden Leben im Canyon vorzuziehen. Am nächsten Morgen brechen sie dennoch zusammen auf, obwohl Cándido América eigentlich in ihrem Unterschlupf zurücklassen wollte. Er lässt sich seine 300 Dollar von ihr in den Hosensaum einnähen und dann steigen sie den Berg hinauf. Am Mittag laufen sie auf einer breiten Vorortstraße mit schönen Häusern und Gärten entlang. Die Geschäfte und Supermärkte sind für América ein einziges Paradies und – was ihnen angenehm auffällt – es wird sehr viel Spanisch gesprochen. Nach einem Mittagessen in einem mexikanischen Restaurant gehen sie weiter und befinden sich an einer Straßenecke, an der etwa 200 hungrige hoffnungslose Mexikaner auf Arbeit und Unterkunft warten. Geschockt laufen sie den ganzen Tag weiter, bis sie nicht mehr können. Da nähert sich ihnen ein Mann mit ausgebeulten Hosen und einem Netz im Haar. Er bietet ihnen eine billige Unterkunft im Haus seiner Tante gleich um die Ecke an. Cándido befiehlt América zu warten und verlässt sie, um sich die Bleibe zeigen zu lassen.

Teil 2, Kapitel 5, S. 211–215
Delaney schreibt einen neuen Artikel für die Zeitschrift *Wide Open Spaces*. Diesmal geht es um die geniale Anpassungsfähigkeit des Kojoten an seine Umwelt. Er war schon lange vor dem Menschen in Kalifornien beheimatet und lässt sich auch heute nicht vertreiben. Die Menschen in den Städten füttern ihn mit Essensabfällen und inzwischen ist der urbane Kojote, der keine Angst vor den Menschen hat, größer als seine Artgenossen in der Wildnis. Das ständige Zufüttern zieht ihn an und macht ihn gefährlich für kleine Haustiere und Kleinkinder. Zäune und Maschendraht helfen nicht gegen ihn. Schuld ist der Mensch, der seine Rückzugsräume Zug um Zug besiedelt hat. Es ist also nicht Schuld des Kojoten. Dennoch ist und bleibt er ein scharfsinniges gefährliches Raubtier.

Teil 2, Kapitel 6, S. 216–229

Kyra denkt über ihre Situation nach. Das Da Rosa-Anwesen wird mehr und mehr zur Belastung für sie. Die zwei Mexikaner hatten ihr Angst gemacht. Zum Glück hatte ihre Lüge, ihr Mann und Bruder seien im Haus, sie gerettet. Auch der Verlust ihres Hundes Osbert hat sie schwer getroffen. Zudem hat Kyra Jack Jardine versprochen, die Anwohner von Arroyo Blanco von der Notwendigkeit einer Mauer zu überzeugen. Delaney ist anfangs nicht überzeugt. Er möchte auch weiterhin mit direktem Zugang zur Natur in seiner Sackgasse wohnen. Er meint, es gehe den Befürwortern der Mauer nicht um die Kojoten, sondern um die Mexikaner. Kyra wird wütend und nennt ihn einen Schwächling. Delaney verbietet ihr daraufhin, beim Mauerkomitee mitzuarbeiten. Der Konflikt endet damit, dass sie getrennte Schlafzimmer haben.

Inzwischen ist Kyra am Da Rosa-Anwesen angekommen. Zur Sicherheit ruft sie im Büro an und erteilt den Auftrag, die Polizei anzurufen, wenn sie nach 15 Minuten nicht sagen würde, dass sie fort fährt. Im Haus und auch außen scheint alles in Ordnung zu sein. Als sie jedoch um die Ecke biegt und zur Rückseite des Hauses kommt, sieht sie in großen Buchstaben auf die Hauswand gesprüht: „pinche puta" (etwa: „verfluchte Hure").

Delaney sitzt derweil auf der Rückseite des Gemeinschaftszentrums und hört die Stimmen von Jack Jardine Jr. und seinem Freund. Sie unterhalten sich äußerst respektlos über Frauen, insbesondere Mexikanerinnen. Delaney bedauert es, dass es solche Menschen in Arroyo Blanco gibt. Er gelangt dann zu einer alles in allem negativen Einschätzung der gesellschaftlichen Situation heute. Auf dem Weg nach Hause fühlte er sich deprimiert. Als er in den Robles Drive einbiegt, spricht ihn James Todd an. Er war auf der Versammlung gegen das Tor gewesen und möchte ihn für eine Flugblattaktion gegen die Mauer gewinnen. Delaney will zuerst zustimmen, doch dann kommen die Erinnerungen an den Unfall mit Cándido und an den Diebstahl seines Autos über ihn. Er hat Visionen von hungernden Horden, von Verbrechern und Vergewaltigern in ihren Ghettos. Außerdem denkt er an den „Krieg" zu Hause im Falle seiner Zustimmung. Er zögert und verspricht, Todd anzurufen. Als Delaney in seine eigene Straße, den Piñon Drive, einbiegt, sieht er einen Mann mit Umhängetasche. Es ist der Mexikaner mit der Basketballmütze umgekehrt auf dem Kopf. Da er annimmt, dass der Mexikaner etwas gestohlen hat, hält er ihn am Arm fest. Der reißt sich los, spuckt verächtlich zwischen Delaneys Füße und schreit, er verteile Flugzettel. Delaney glaubt ihm nicht, bis er auf das Blatt schaut, das José Navidad ihm gegeben hat. Es ist eine Einladung Jack Jardines zu einer Mitgliederversammlung der Arroyo Blanco Eigentümergesellschaft.

Teil 2, Kapitel 7, S. 230–239

Allein und ohne Schutz wartet América vor dem Postamt von Canoga Park auf Cándido. Nach eineinhalb Stunden geht sie in die Richtung, die Cándido und der „chicano" (Amerikaner mexikanischer Abstammung) genommen haben, kann sie aber nicht finden und läuft zurück zum Postamt. Es ist fast Mitternacht, als Cándido endlich kommt. Sein Gesicht ist voller Blut, die Kleider sind zerrissen. Anstatt ihm eine Unterkunft zu zeigen, hatte der „chicano" ihn in einen Hinterhalt gelockt und mehrere Männer hatten ihn brutal zusammengeschlagen und ihm sein ganzes Geld genommen. Américas Illusionen sind auf einen Schlag zerronnen: keine Wohnung, keine Läden, kein Spielzeug für das Baby. Sie will nur noch sterben.

Cándidos Kopf schmerzt, er kann kaum sehen und fühlt sich so, als hätte man ihn zum zweiten Male mit dem Auto überfahren. Er muss eine Tankstelle finden, um sich zu waschen.

América ist verängstigt, voller Mitleid und gleichzeitig voller Hass. Sie bittet den Tankstellenpächter um den Schlüssel für den

Waschraum, damit Cándido sich das Blut abwaschen kann. Sie fühlt sich so elend, dass sie es nicht wagt, ihren Mann zu fragen, wie es weiter gehen soll. So führt er sie zurück auf die Canyon Road. América möchte auf keinen Fall wieder zurück in das elende Loch unten im Canyon gehen. Plötzlich stoppt ihr Mann vor einem Restaurant, geht dann zur Rückseite des Hauses und steuert auf die großen grauen Müllbehälter zu. América ist total schockiert, als er mit seinem Oberkörper in die Tonne taucht. Es ist unter ihrer Würde, diesen Dreck zu essen. Als Cándido unter Stöhnen aus der Tonne wieder auftaucht, hält er zwei rot-weiß gestreifte Kartons, so groß wie Zigarrenschachteln, in den Händen. Es ist kaltes, verbrauchtes Bratfett. Er meint, sie solle davon essen, damit sie bei Kräften bleibe.

Teil 2, Kapitel 8, S. 240–257

Delaney sitzt an seinem Schreibtisch und reflektiert über die Flora und Fauna der Canyon Gegend, als es klingelt. Es ist ein Arbeiter, der ihn bittet, das Seitentor zu öffnen, damit der Bautrupp hindurch fahren kann, um das letzte Stück Mauer bei den Mossbachers zu errichten. Delaney hatte nicht mehr protestiert, obwohl er, wie James Todd, dagegen war. Für Kyra war der Mauerbau eine missionarische Aufgabe, die sie Seite an Seite mit den Jardines erledigte. Delaney lässt die Arbeiter herein und geht dann wieder ins Haus. Er kann nicht arbeiten, denn was ihm wirklich zu schaffen macht, ist die Tatsache, dass er sich quasi eingemauert fühlt, weil er keinen direkten Zugang mehr zur Natur hat. Als Kyra nach Hause kommt, fühlt er sich wie ein Tiger im Käfig. Seit dem Grafitti-Vorfall begleitet er sie jeden Abend in ihrem Lexus auf ihrer Häuserrunde und zum Da Rosa-Anwesen. Delaney ist der Ansicht, das Haus sei schwer zu verkaufen aber Kyra widerspricht ihm. Die Da Rosa-Villa erweist sich als friedlich. Vielleicht, so überlegt Delaney weiter, schützt die Mauer sie alle doch gegen Verbrecher, Sprayer und Kojoten.

Auf dem Weg nach Hause besorgen Delaney und Kyra noch eine Reihe von Luxuslebensmitteln für ihre Thanksgiving Party am Donnerstag. Es ist eine unvorstellbar lange Liste und sie bekommen einen zweiten Truthahn geschenkt, da sie so viel eingekauft haben.

Canyonlandschaft

Unten im Canyon macht sich Cándido Sorgen, wie sein Sohn zur Welt kommen soll. América ist am Boden zerstört und ihr apathischer Zustand macht ihm Angst. Oben vor dem Postamt trifft er auf den betrunkenen Señor Willis, einen genialen Architekten und Baumeister, der ihm einen Maurerjob auf einer seiner Baustellen gibt. Mit einigen alkoholbedingten Unterbrechungen auf Seiten seines Bosses arbeitet er für ihn eine ganze Weile, bis er fast 500 Dollar zusammen hat. Es besteht außerdem Aussicht auf weitere Arbeit. América sitzt nach wie vor apathisch am Rande des versiegenden Tümpels. Cándido geht am Donnerstag, Thanksgiving, wieder den Berg hinauf, um im Laden seines Landsmannes einzukaufen. Er kauft zwei 1-Liter-Flaschen Bier. An der Kasse stehen zwei Weiße vor ihm, die mit dem Truthahn, den sie geschenkt bekommen haben, nichts anfangen können. Sie wollen ihn Cándido geben, doch die Kassiererin protestiert, denn der Vogel ist für den, der den Einkauf getätigt hat. So nehmen sie ihn mit durch die Kasse, warten, bis Cándido bezahlt hat und werfen ihn dem völlig überraschten Mexikaner in die

Arme. Der verlässt den Supermarkt fluchtartig, bevor ihm jemand das Geschenk wegnehmen kann. Glücklich rennt er den Pfad hinunter zu América. Er denkt an sein Bier, das Fleisch und das herrliche Feuer, über dem er den Vogel braten wird. Beim Anblick des Truthahns lächelt América das erste Mal seit langem. Sie nimmt ihn in den Arm und streichelt ihn, wieder und wieder. Cándido ist glücklich, erfreut sich an seinem Bier und an dem lodernden Feuer, bis zu dem Moment, wo der Wind die Glut aus dem Feuer wirbelt und direkt in die Bäume weht.

Teil 3, Kapitel 1, S. 261–271

Schon über 100 Leute sind am frühen Nachmittag auf Dominick Floods Thanksgiving Party. Ein Streichquartett spielt und die Gäste genießen ein Übermaß an erlesenen Speisen und Getränken. Delaney, Kyra und deren Mutter Kit Menaker sind ebenfalls da. Kit knüpft schnell enge Kontakte zu dem Junggesellen Flood. Delaney fühlt sich nicht wohl in all dem Trubel. Er denkt an seine Party, die noch am gleichen Abend, nach Floods Party, bei ihm zu Hause stattfinden soll und stellt sich vor, dass in seiner Abwesenheit der Truthahn in der Röhre Feuer fängt und dass zu Hause ohne ihn alles schief läuft. Er wird durch Jack Jardine aus seinen Gedanken aufgeschreckt. Er habe, so Jack, sich für den Vorschlag in seiner letzten Kolumne, die Zahl der Kojoten zu beschränken, einige Vorwürfe eingehandelt. Delaney reagiert kaum darauf, denn er weiß, dass nicht die Kojoten, sondern die Menschen an der verfahrenen Situation schuld sind. Die hinzukommende Kyra bringt noch einmal den Streit um die Mauer ins Spiel und ihr Ehemann muss sich am Ende geschlagen geben.

Jack Cherrystone ist gerade dabei, einen Bericht über seinen neuen Film, eine apokalyptische Vision von Los Angeles im 21. Jahrhundert, zu geben, als plötzlich die Sirenen heulen und jemand „Feuer im Canyon" ruft.

Kyra bekommt davon vorerst nichts mit. Sie freut sich, wie gut sie ihre eigene Dinnerparty für heute Abend organisiert hat, und denkt nach fünf Jahren ununterbrochener Arbeit als Immobilienmaklerin an eine Pause und an mehr Lebensqualität. Dominick Flood mit seiner elektronischen Fußfessel fällt ihr auf, da sich ihre Mutter immer noch sehr intensiv mit ihm beschäftigt. Kyra geht von Gruppe zu Gruppe und fühlt sich zum ersten Mal seit langem so richtig gut. Verträumt schaut sie aus dem Fenster und vergisst die unerträgliche Herbsthitze und den Wind – bis jemand auf den Tisch springt und „Feuer" schreit.

Delaney steht mit den meisten anderen Gästen auf dem Rasen und beobachtet den schwarzen Rauch, der aus dem Canyon kommt. Angst hat er nicht, denn die Menschen hier haben schon viele Brände, Erdbeben und Schlammlawinen überlebt. Kurz darauf fordert er Kyra und seine Schwiegermutter Kit auf, mit ihm nach Hause zu fahren. Zu Hause angekommen, riecht er den Truthahn für die Abendparty, die wohl ausfallen wird. Er macht den Fernseher an und sie hören den Sprecher sagen, dass das Feuer unten im Topanga Creek angefangen habe und sich jetzt in Richtung Topanga Village bewege. Kyra reagiert sofort und befiehlt, das Auto mit den notwendigsten Sachen voll zu laden. Noch zögern alle. Ihre Mutter Kit weist darauf hin, dass es noch keine Aufforderung zur Evakuierung des oberen Canyon gegeben habe. Delaney meint, man solle den Herd mit dem Truthahn erst einmal ausschalten, für den Fall der Fälle.

Teil 3, Kapitel 2, S. 272–283
Die hochschwangere América ist in einer schwierigen Phase. Ihre Vergangenheit in Mexiko und die bedrückende Gegenwart gehen in ihrem Bewusstsein ineinander über. Erst als Cándido mit dem Truthahn zu ihr kommt, erwacht sie aus ihrer Teilnahmslosigkeit. Sie bereitet den Vogel zum Braten vor und freut sich, wie er über dem lebhaften Feuer brät. Dann – etwa gleich-

zeitig – bemerken América und Cándido, wie die Flammen in die Bäume springen. Sie geraten in Panik.

Cándido reißt América hoch und zerrt sie über die kleine Landzunge zur Felswand hin. Sie klettern unter großen Schwierigkeiten die steile Felswand hinauf und gelangen mit Mühe und Not über einen Berg aus Wohlstandsmüll durch das Gebüsch zur Straße. Auf der Straße, die gerade abgesperrt wird, herrscht Chaos. Cándido und América erreichen den zugenagelten Laden des Chinesen. Da sie kurz vor dem Verdursten stehen, trinken sie aus dem Wasseranschluss hinter dem Gebäude. Beide haben große Angst, entdeckt und festgenommen zu werden. Deswegen will Cándido sogleich wieder fort, aber die völlig erschöpfte América weigert sich, auch nur einen Schritt weiter zu gehen. Die beiden liegen jetzt auf halber Höhe der Canyonwand. Zum Glück hat sich der Wind gedreht und gefährdet sie nicht mehr direkt. Plötzlich wispert América Cándido zu, dass ihre Fruchtblase geplatzt ist. Sie hat große Angst, ihr Kind ohne medizinische Hilfe zur Welt zu bringen. Cándido ist ratlos und verlässt seine Frau, um eine Unterkunft für die Niederkunft in der Nähe zu suchen, denn zur Polizei und den Hubschraubern oben am Canyon kann er sie nicht bringen. Er stößt auf die weiße Mauer um die Wohnanlage Arroyo Blanco, die jetzt im Dunklen liegt und deren Bewohner evakuiert sind. Er klettert hinüber und fällt auf einen Geräteschuppen mit Wasseranschluss. Dort trinkt er Wasser aus einem Becher, den er im Schuppen gefunden hat, füllt ihn am Ende noch einmal und bringt ihn zurück zu América. Darauf führt er sie vorsichtig in den Schuppen. Inzwischen werden die Wehen immer stärker und Cándido fühlt sich so nutzlos wie zuvor. Im Augenblick der größten Schmerzen hört América durch das Zischen des wieder näher kommenden Feuers hindurch das Miauen einer Katze, die sich ihr nähert. Sie weiß, dass sie eigentlich einen Arzt oder eine Hebamme braucht und hat das Gefühl, in der Katze eine gewisse Unterstützung zu erfahren.

Teil 3, Kapitel 3, S. 284–295

Inzwischen ist es Nacht geworden. Am obersten Punkt des Canyons beobachten Delaney und seine Familie die Szenerie. Auch die anderen Bewohner der Wohnanlage sind inzwischen da mit ihren Autos und ihren wichtigsten Besitztümern. Alle sind schlechter Stimmung und haben Angst, dass ihre Häuser mitsamt Inventar verbrennen. Als der frustrierte Delaney dabei ist, den Whisky zu trinken, der ihm von Jack Cherrystone angeboten worden ist, sieht er zwei vergammelte Camper, deren Gesichter von Baseballmützen verdeckt sind, die Straße hoch kommen. Der größere ist José Navidad. Ein unbändiger Hass steigt bei seinem Anblick in Delaney auf. Er geht auf den Spanisch sprechenden Polizisten zu, der José befragt, und beschuldigt diesen, unten im Canyon Feuer gelegt zu haben. José ist beleidigt und spielt den Unschuldigen. Das ruft Jack auf den Plan, der wissen will, was die beiden getrieben haben. Immer mehr Leute sammeln sich um die Streitenden. Ein weißer Polizist kommt hinzu, sagt kurz etwas zu den Herumtreibern und im nächsten Moment liegen sie am Boden und werden mit Handschellen gefesselt. Inzwischen haben sich mehr als 30 Leute um die Gefesselten herum gesammelt. Delaney sieht José Navidads hasserfüllte Augen, und er fühlt nicht die kleinste Regung von Menschlichkeit. Urplötzlich spuckt José Delaney mitten ins Gesicht und beschimpft ihn. Delaney verliert die Selbstkontrolle und stürzt sich auf ihn. Jack kann ihn gerade noch zurückhalten. Die Drohungen und Beschimpfungen aus der Menge werden immer heftiger. Nur mit Mühe können die Polizisten eine Lynchaktion verhindern.

Zum Glück dreht sich der Wind und das Feuer stoppt etwa 500 Yards vor Arroyo Blanco und nimmt eine andere Richtung. Die Nacht erstickt den Santa Ana[7] Wind und am nächsten Morgen können die Anwohner wieder in ihre Häuser.

Delaney ist zerknirscht, denn fast hatte er einen Aufstand hervorgerufen. Er erinnert sich an den demonstrierenden Mob auf den Stufen der Abtreibungsklinik. Dort hatten ihn und seine erste Frau Louise aufgebrachte Abtreibungsgegner öffentlich für die in ihren Augen verwerfliche Tat kritisiert. Jetzt war er der Rassist und Prolet, denn es gab keinen Beweis, dass die beiden Gammler den Canyon angesteckt haben.

Als Delaney und seine Familie vor ihrer Villa anhalten, springt Jordan aus dem Auto und ruft nach der Katze. Alle haben ein völlig verbranntes Haus erwartet, aber Haus und Hof sind unversehrt. Kyra ist schon wieder in Form und organisiert den Neuanfang. Aber sie macht sich Sorgen um ihre Immobilien und insbesondere um das Da Rosa-Anwesen. Im Fernsehen wird berichtet, dass die Villa völlig abgebrannt ist. Nur mit Mühe kann Delaney seine Frau davon abhalten, eine Kontrollfahrt zu machen. Kyras Mutter ist immer noch etwas durcheinander. Sie hält eine schwarze Plastikschachtel in der Hand, die Delaney als die abgeschnittene elektronische Fußfessel von Dominick Flood wieder erkennt. Dominick hatte sie Kit in die Handtasche geschmuggelt und sich dann in Richtung Bahamas abgesetzt. Dort hat er sein Schwarzgeld auf Konten deponiert. Die Behörden würden Tage brauchen, um festzustellen, was geschehen war, da die Fußfessel noch immer aus Arroyo Blanco sendete. Kyra tröstet gerade ihre enttäuschte Mutter, als Jordan mit der Nachricht dazwischenplatzt, die Katze Dame Edith sei nirgendwo zu finden.

Teil 3, Kapitel 4, S. 296–308

Am frühen Morgen wird Américas und Cándidos Baby im Schuppen geboren. Als der stolze Vater es wäscht, merkt er, dass es nicht der erwartete Sohn, sondern ein Mädchen ist. América schlägt den Vornamen Socorro (Hilfe) vor. Das Feuer ist über den Berg verschwunden und hat die junge Familie verschont. América schläft mit ihren Armen über dem Baby und die zugelaufene Katze hat es sich zu ihren Füßen gemütlich gemacht. Cándido will kein Dieb und Plünderer sein, aber er weiß, dass es jetzt um das Überleben geht. Vom Dach des Schuppens klettert er über die Mauer und findet in einem weiteren Geräteschuppen ein paar Werkzeuge und vier Jutesäcke, die er mit Gemüse füllt und mit Grapefruit und Orangen von den Bäumen weiter hinten im Garten. Auch einen Sack Hundefutter lässt er mitgehen. Danach sucht er eine neue Bleibe für América und das Baby und findet sie etwa 450 Meter weiter oben im Hang auf einer waagerechten Felsleiste. Nachdem er das Dach installiert hat, schläft er erschöpft ein. In der Nacht wacht er nach einem schweren Albtraum auf und sieht América und seine Tochter Socorro schlafend neben sich. Ein starker Duft nach Obst durchzieht die Hütte. In einer Ecke des Raumes bemerkt Cándido einen Haufen Obstschalen, Kerne und mehrfach durchgekautes Fruchtfleisch. Dies und der saftverschmierte Mund Américas macht Cándido nachdenklich und er überlegt, wie er seiner Frau Milch, Eier und vor allem Fleisch für einen Eintopf besorgen könnte, damit sie stillen kann. Bei dem Gedanken an Fleisch läuft ihm das Wasser im Munde zusammen. In diesem Moment erscheint die zutrauliche Katze wieder und Cándido lockt sie mit zärtlichen Rufen zu sich.

Teil 3, Kapitel 5, S. 309–320

Kyra steht vor dem Da Rosa-Anwesen, das wie eine Reihe anderer Immobilien, die sie verkaufen möchte, bis auf die Grundmauern abgebrannt ist. Die Schuldigen für dieses Desaster sind ihrer Meinung nach die zwei mexikanischen Schläger, die man aus Mangel an Beweisen laufen lassen musste, weil die Polizei und die Einwanderungsbehörde ihre Daten nicht miteinander abgleichen können. Es gibt für sie nichts mehr zu tun an diesem Sonntag, da alles kaputt ist.

Als Delaney vom Flughafen zurückkommt – er hatte seine Schwiegermutter Kit zu ihrem Flieger gebracht – sieht er Kyras

Wagen in der Einfahrt, früher als sonst. Sie erzählt ihrem Mann von Da Rosa und erwähnt auch die beiden Brandstifter, die auf freiem Fuß sind. Delaneys einstmals liberal-humanistischen Ideale sind nach diesen Vorfällen nicht mehr vorhanden. Er ist wütend, denn dies ist sein Canyon, seine Natur, verbrannt von Leuten, die nicht mit Streichhölzern umgehen können. Er ist so aufgebracht, dass Kyra Angst vor ihm bekommt. Um sich abzureagieren schlägt Delaney einen Spaziergang vor, um eventuell auch die Katze Dame Edith zu finden, die schon seit drei Tagen vermisst wird. Auf dem Weg treffen sie Jack Jardine in seinem Wagen, der sie bittet einzusteigen, weil er ihnen etwas zeigen will. Jack wird etwas verlegen, als er die Frage nach seinem Klienten und Betrüger Dominick Flood, der Kyras Mutter so übel mitgespielt hat, nur ausweichend beantwortet. Sie parken auf dem Wendekreis und erblicken zu beiden Seiten des Tores Graffiti. In Delaney kommt wieder Hass auf diese Leute hoch, die überall sind und wie die Kojoten ihr Gelände markieren. Er ist sich nicht mehr sicher, ob dies noch sein Territorium ist.

Inzwischen ist es Dezember. Die Katze Dame Edith und Dominick Flood gelten als verschollen. Delaney hat eine neue Mission. Sein halbes Leben hatte er in der freien Natur zugebracht. Er möchte den- oder diejenigen finden, die die Mauer besprühen und die schöne Gegend verbrennen. Er würde die Beweise finden und sie dem Sheriff übergeben. Dazu stellt er auf seinem Grundstück zwei Blitzlichtkameras so auf, dass sie jeweils eine Seite der Mauer im Sucher haben und verbindet die Auslöser mit Stolperdrähten. In den folgenden Wochen hält er zusätzlich Nachtwache, um die Eindringlinge zu stellen. Dann setzt er eine Nacht aus, um mit seiner Frau auszugehen. Am nächsten Morgen stellt er fest, dass beide Kameras ausgelöst haben. Er geht in das Filmlabor Jack Cherrytons, zu dem er freien Zugang hat, und entwickelt die Bilder. Aber das Gesicht, das ihm entgegenstarrt, ist nicht das des Mischlings mit der Baseballkappe, sondern das Antlitz Cándidos, des durch seine Schuld verunglückten Mexikaners mit den eingedrückten Wangenknochen.

Teil 3, Kapitel 6, S. 321–331
Während América ihr Baby stillt, baut Cándido eifrig an dem neuen Unterschlupf. Er macht sich Gedanken über die Zukunft der jungen Familie. Das halbe Land hat er in Brand gesetzt und Américas Leben ruiniert. Alles in allem sieht er sich als Versager, der weder in Mexiko noch in den USA zu leben imstande ist. Trotzdem klettert er mit den paar Dollars, die ihnen verblieben sind, zum Laden des Chinesen hinunter, um etwas Käse, Milch, Eier und ein paar Wegwerfwindeln zu kaufen. Wieder zurück, verspricht er América, Arbeit zu suchen. Seine Frau möchte auf jeden Fall zurück nach Mexiko, wo ihr Kind getauft werden und in einer Familie aufwachsen kann – zur Not auch ohne ihn. América kann nicht glauben, dass ihre ganzen Ersparnisse verloren sind. Da wirft Cándido einen zusammengeschmolzenen Plastikklumpen vor ihr auf den Teppich. Das sei ihr Bus-Ticket.

América ist stolz auf ihre hübsche Tochter Socorro, aber ihre Ängste werden angesichts des ständigen Pechs Cándidos nicht geringer. Zwar ist das Baby eine Bürgerin der USA, aber wie sollte das jemand wissen ohne Geburtsurkunde? Sie schlägt vor, das Kind von einem Priester segnen und registrieren zu lassen. Cándidos Vorschlag, noch einmal nach Canoga Park zu gehen, wird von América abgelehnt, da es zu weit sei. Hass steigt auf in ihr, auf ein Land, das ihrem Kind jede Chance nimmt. Obwohl es ununterbrochen regnet, geht sie mit Socorro ein Stück den Berg hinauf, um ihre bösen Gedanken zu vertreiben. Als sie sich über das Gesicht ihrer Tochter beugt, merkt sie, dass diese blind ist.

Ohne wirkliche Hoffnung geht Cándido zum Postamt, um Arbeit zu finden. Die Weißen, die hineingehen, sehen ihn nur hasserfüllt an. Er wartet den ganzen Nachmittag in der Eingangshalle des Postamts, bis ihn ein Mann in blauer Uniform vertreibt. Am nächsten Morgen ist er wieder da, spricht sogar Leute an und schildert ihnen seine Lage, bis ihn der Mann in Uniform wieder vertreibt. Cándido überquert daraufhin die Straße und gelangt in strömendem Regen zu dem alten Chinesen. Diesmal verkauft er Cándido nichts. Auch auf dem Holzlagerplatz will niemand etwas von Cándido wissen. Zum Schluss sucht er nach Pfanddosen und nach etwas zu Essen in den Mülltonnen. Mit gesenktem Kopf läuft er danach auf der Straße weiter, bis ein Auto hinter ihm eine Vollbremsung macht und auf dem Seitenstreifen anhält. Das hintere Ende dieses Wagens ragt so weit in die Fahrbahn hinein, dass die nachfolgenden Autos ebenfalls scharf bremsen müssen. Das weiße Auto kommt Cándido irgendwie bekannt vor. Dann ist er auch schon da, der Rotschopf, der ihn vor Monaten überfahren hat und der, wie Cándido meint, seinen rothaarigen Sohn in den Canyon geschickt hat, um ihn zu schikanieren. Wütend befiehlt ihm der Rotschopf stehen zu bleiben.

Teil 3, Kapitel 7, S. 332–347

Delaney ist die CanyonStraße hoch gekommen und hat unvermittelt angehalten, weil er Cándido erkannt hat. Es ist dieser Mexikaner, dem er die Schuld für alle negativen Ereignisse, die seit dem ersten Unfall passiert sind, gibt. Ohne sich um seinen Wagen auf dem Seitenstreifen zu kümmern, wählt Delaney von seinem Autotelefon aus die Nummer der Polizei. Cándido spürt die Gefahr, die von diesem Anruf ausgeht und geht einfach auf die Straße, ohne sich um den Verkehr zu kümmern. Ein heranfahrender blauer Kleinlaster weicht im letzten Moment aus, gerät ins Schleudern, kracht gegen die Leitplanke und von da gegen das Heck von Delaneys Auto. Auf der anderen Straßenseite trabt der Mexikaner davon, während sich die bremsenden Autos neben ihm ineinander verkeilen. Delaney sagt der Polizei, die nach 20 Minuten eingetroffen ist, dass der Mexikaner schuld sei: Er werfe sich vor Autos, um die Versicherungen abzukassieren.

Aber der einfachen Feststellung des Polizisten, dass er den Verkehr behindert habe, hat er nichts entgegenzusetzen. Ohne Kyra zu benachrichtigen, wartet er in seinem Wagen auf den Abschleppdienst und geht dann zu Fuß nach Hause. Er folgt der Fährte seines Feindes auf dem glitschigen Seitenbankett.

Kyra, die ihren Sohn von einer Bekannten abholen will, steht mit ihrem Lexus am Straßenrand, da es sehr stark regnet, und wartet auf besseres Wetter. Sie bedauert die tägliche Hetze ihres Maklerberufes und will sich in Zukunft mehr Zeit für die Familie nehmen. Nach einer Weile fährt sie weiter und gelangt in eine fast unberührte ländliche Gegend. Ein Schild zeigt ihr den Weg zu einer dreistöckigen millionenschweren Villa in einem großen Park, die zum Verkauf steht. Sie verhandelt mit den Besitzern über den Preis und erkennt sofort, dass das Haus Ausgangspunkt einer exklusiven Eigenheimanlage der Hochpreiskategorie sein wird.

Inzwischen folgt Delaney der Fährte Cándidos bis zur Wohnanlage Arroyo Blanco. Der Drang in ihm, Cándido dingfest zu machen, wird immer größer. Er will Beweise dafür finden, dass der Mexikaner für die Graffiti, die Diebstähle in Arroyo Blanco und das Feuer im Canyon verantwortlich ist. Nach einem kurzen Gespräch mit Jim Shirley, der neben ihm anhält, geht er weiter und erspäht neue, noch feuchte Graffiti an der Mauer, die er als eine weitere Kriegserklärung der Mexikaner betrachtet. Von den beiden Kameras ist eine zerstört, auf der anderen jedoch sind sechs Bilder, die beweisen, wer die Täter sind. Zu Hause angelangt, geht er in seine Garage und holt seinen Revolver. Den hat er sich auf Anraten Jacks zu seinem Schutz gekauft, obwohl er eigentlich gegen Schusswaffen ist. Nachdem er sich umgezogen und ein wenig gegessen hat, geht er hinüber zu den Cherrytons, um den Film zu entwickeln. Seine Straße, der Piñon Drive, ist inzwischen zum Flussbett geworden. Delaney lauscht dem Wasser in den Gräben und dem Dröhnen des nachgebenden Berges, das einen Erdrutsch ankündigt. Dann geht er weiter zu den Cherrytons und entwickelt den Film. Die Bilder zeigen jedoch keinen einzigen Mexikaner, sondern Jack Jardine Jr. und seinen Komplizen. Sie sind die Sprayer. Delaney ist überrascht, knüllt Negative und Abzüge zusammen und versteckt sie im Mülleimer. Er ist enttäuscht, dass Cándido nicht auf den Fotos zu sehen ist. Aber für ihn ist der Mexikaner auch ohne Beweise schuldig, schuldig für alles. Delaney geht unter großen Mühen den verschlammten Berg hinauf. Die Aussicht, dass er diesen Verbrecher bald hat, wirkt beflügelnd auf ihn. Er ist nun nicht mehr der friedliche Pilger, sondern der Jäger, der seine Beute erlegen will.

Teil 3, Kapitel 8, S. 348–355

Als Cándido wieder zurück ist, erzählt er América von dem wahnsinnigen Amerikaner, der wieder versucht habe, ihn totzufahren. Er habe sogar die Polizei angerufen. Er, Cándido, wisse nicht, was er dem Amerikaner getan habe und von dem Feuer könne er ja nichts wissen. América hat ganz andere Sorgen. Sie teilt ihrem Mann mit, dass Socorro blind ist. Vielleicht habe es an den Männern gelegen, die sie vergewaltigt hätten. Diese Nachricht ist die schlimmste Verwundung, die sie Cándido hat zufügen können. Aber eine Reaktion darauf erfolgt nicht, denn plötzlich wird der Vorhang der Hütte weggerissen und das verzerrte Gesicht eines Amerikaners, der eine Pistole in der Hand hält, ist zu sehen.

Delaney hatte durch den Geruch des Lagerfeuers die Unterkunft des mexikanischen Paares gefunden. Aus dem Inneren der Hütte hört er Stimmen und als er überlegt, wie viele Fremde denn noch kommen werden, um die Umwelt zu zerstören, verliert er im Schlamm das Gleichgewicht und reißt den gestohlenen Teppich mit einer Hand weg, in der andern hat er den Revolver. Urplötzlich wird er durch eine gewaltige Kraft emporgehoben und lässt die Waffe fallen. Er greift nach dem Rahmen der plötzlich schrägen Tür und starrt erstaunt in die Gesichter Cándidos, Américas und Socorros. Dann kippt die Hütte um und wird von einer Schlammlawine fortgerissen.

Es gelingt Cándido, América und das blinde Baby an sich zu reißen, als sie mitsamt der Hütte auf der Wellenkrone des fließenden Berges nach unten geschwemmt werden. Dann gehen alle Lichter aus und sie durchbrechen die Mauer der Wohnanlage. Aus dem Bach im Canyon ist ein reißender Strom geworden. América, ihre Tochter im Arm, und Cándido verlieren sich in dem Chaos. Er ist kurz vor dem Ertrinken, als ihn die Strömung über ein Waschbrett von harten Steinen schliddern lässt. Dann ist auch América wieder bei ihm und klammert sich an ihn. Wenig später merken sie, dass das, was sie als buckliges Waschbrett aus Felsgestein empfanden, das schwimmende Dach des Postamtes ist. Sie beide sind gerettet, aber América hat Socorro verloren. Cándido ist durch den Verlust wie betäubt und spürt eine lähmende Kälte in seinem Inneren. Dann taucht ein weißes Gesicht, Delaney, aus dem schwarzen Strudel auf. Als er sieht, wie sich die weiße Hand an die Dachziegel des Postamts klammert, streckt er den Arm aus und ergreift sie.

Textanalyse und Interpretation

1 Aufbau, Erzählhaltung und literarisches Genre

The Tortilla Curtain spielt in der Zeit der großen Hitze, der Buschfeuer, Erdbeben, Überflutungen und Schlammlawinen, von denen die Gegend um Los Angeles nach den Rassenaufständen von 1992 getroffen wurde.

Die Handlung erstreckt sich über etwa sieben Monate, von Anfang Juni bis Weihnachten. Der Ort der Handlung ist das noble weiße Villenviertel „Arroyo Blanco (Weißer Bach) Estates", das im oberen Bereich des Topanga Canyon in Los Angeles County liegt, der Canyon selbst – er erstreckt sich von der Pazifikküste bis in die Santa Monica Mountains – und die städtischen Vororte von Los Angeles, insbesondere Canoga Park. Die folgende Karte ermöglicht einen Überblick über den Ort der Handlung.

Die Handlung besteht aus zwei Erzählsträngen, die das Geschehen im Wechsel einmal aus der Sicht des reichen, weißen Paares Kyra und Delaney Mossbacher und zum anderen aus der Perspektive des armen mexikanischen Paares América und Cándido Rincón, illegalen Einwanderern aus Mexiko, schildern.

Die Handlung beginnt mit der Erinnerung Delaneys, die gleich zu Beginn einen ersten Höhepunkt enthält: Er fährt den Mexikaner Cándido mit seinem Wagen an und verletzt ihn schwer. Die beiden Handlungsstränge werden durch eine Folge von Missgeschicken stetig vorangetrieben. Sie werden nur durch Phasen unterbrochen, in denen die Protagonisten das Geschehene verarbeiten, sich von ihrem Schicksal erholen und, was die Rincóns betrifft, kurz von einem besseren Leben träumen, ehe sie der nächste Schlag trifft.

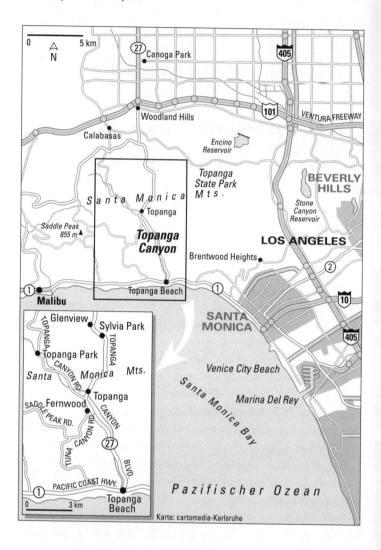

Erst im letzten Kapitel, das die finale **Klimax** (climax) des Romans darstellt, kommen die beiden Handlungsstränge in der zweiten schicksalhaften Begegnung des weißen Antihelden Delaney und der Rincóns wieder zusammen. In kurz aufeinander folgenden Momenten höchster Spannung sagt América Cándido, dass sie vergewaltigt wurde und dass ihre Tochter blind ist. Sekunden später findet der paranoide Delaney seinen Feind nebst Familie und richtet seine Pistole auf sie. Wieder einen Moment später gibt der Berg nach, bringt die Hütte der Rincóns mitsamt den Anwesenden ins Kippen und spült sie in einer Riesenschlammlawine nach unten. Der Roman endet damit, dass sich sowohl die Rincóns, allerdings ohne ihre Tochter Socorro, als auch Delaney auf dem schwimmenden Dach der amerikanischen Post retten können. Trotz dieses **deus ex machina-Effekts** (deus-ex-machina-effect) – er tritt ein, wenn der Autor für ein unerwartetes Ereignis sorgt, das ein „glückliches" Ende bewirkt – und trotz der finalen Geste Cándidos hat der Roman ein **offenes Ende** (open ending). Der Leser weiß nach den apokalyptischen Ereignissen in der Schlussphase des Romans weder, wie sich das Verhältnis der Geretteten zueinander entwickeln wird, noch was aus Arroyo Blanco und seinen Einwohnern geworden ist bzw. werden wird. Der Handlungsgraph, in dem die wichtigen Momente des Geschehens hervorgehoben werden, soll die Entwicklung der zwei Handlungen illustrieren:

Textanalyse und Interpretation

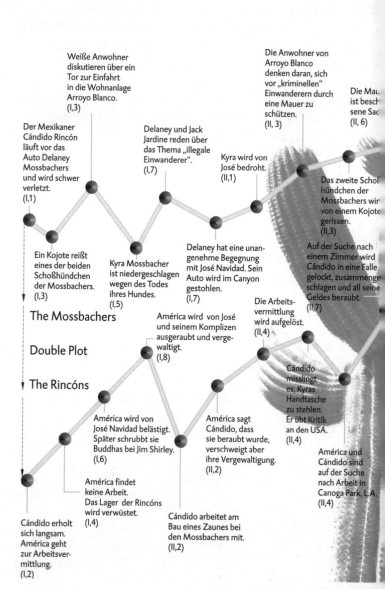

1 Aufbau, Erzählhaltung und literarisches Genre 47

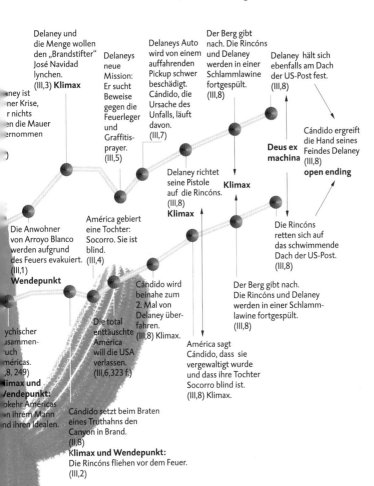

Die Erzählhaltung (point of view, narrative perspective) des Romans kann als eine **eingeschränkte Erzählweise in der dritten Person** (third person limited) bezeichnet werden. Dabei spielen innere seelische Befindlichkeiten und äußere Handlungsmomente ebenso eine Rolle wie Erinnerungen an schon Geschehenes, die auch mit einer Bewertung gegenwärtigen Geschehens verknüpft werden können. Da der jeweilige Charakter die Funktion hat, die Geschehnisse des Romans dem Leser in gefilterter Form zu übermitteln und gleichzeitig die Perspektive des Erzählers in der dritten Person beibehalten wird, ist es auch angemessen von einer **eingeschränkten** oder **selektiven Perspektive des allwissenden Erzählers** (limited/selective omniscience) zu reden.

Ein technisches Prinzip, das mit der Erzählhaltung verbunden ist, ist die **szenische Darstellung** (scenic presentation), die Szenen und Teile der Handlung im Detail präsentiert. Dabei kommentiert der Autor nicht direkt, aber seine persönlichen Ansichten können sich indirekt in der Gestaltung der Gedanken, Gefühle und Erinnerungen der jeweils gewählten Person zeigen. Daraus ergibt sich, dass sich die Erzählperspektive in *The Tortilla Curtain* von Kapitel zu Kapitel und sogar innerhalb der Kapitel ändern kann. Das macht die Lektüre etwas schwierig, da das persönliche Profil der Charaktere wie auch das Geschehen des Romans nur nach und nach aufgebaut bzw. erzählt wird.

So erfährt man in Teil 1, Kapitel 4 (S. 48 f.) zuerst etwas über América, die allein zur Arbeitsvermittlung geht, und ihre Gefühle für Cándido, ehe der Erzähler (narrator) sich mit den Frustrationen ihres zurückgebliebenen Lebensgefährten beschäftigt. Es folgt eine lange Reminiszenz Cándidos, in der der Leser einen großen Teil seiner Lebensgeschichte erfährt. Sodann wird unser Blick wieder auf das tatsächliche Elend des verletzten Cándido gelenkt. In einer weiteren Wendung werden die Erfahrungen Américas bei der Arbeitsvermittlung erzählt, die sich mit Erinnerungen an eine Beinahe-Vergewaltigung der jungen Frau durch ihre eigenen Landsleute, „Mexican animals" (S. 59) mischen. Der letzte Perspektivenwechsel führt uns wieder zurück zu Cándido und seiner Begegnung mit den weißen Halbstarken, die die armselige Habe des mexikanischen Paares zerstören und im Canyon verstreuen. In derselben Weise wechselt der Blickwinkel zwischen Delaney und Kyra Mossbacher (vgl. Teil 1, Kapitel 5).

Die **realistische Erzählweise** T. C. Boyles lässt einige vorsichtige Schlußfolgerungen zum literarischen Genre zu. Wie schon das Motto des Romans "They ain't human. A human being wouldn't live like they do. A human being couldn't stand it to be so dirty and miserable." nahelegt, versucht der Autor die Moral und das sozialkritische Anliegen von John Steinbecks *The Grapes of Wrath*, 1939, in die 90er-Jahre zu verlegen. "So I wanted to just re-examine Steinbeck's ethos in light of the new realities of today [...]."[8] Während in Steinbecks sozialkritischem Roman die Migration und gnadenlose Ausbeutung der, besitzlosen Wanderarbeiter aus Oklahoma, die die „dustbowl" (Staubschüssel) des amerikanischen Südwestens verlassen, um in Kalifornien ihr Glück zu versuchen, zur Debatte stehen, sind es in *The Tortilla Curtain* die illegale Immigration von Mexikanern und die sozialen Probleme, die daraus entstehen. Dennoch baut Boyle in seinem Roman, wohl auch im Gegensatz zu Steinbecks naturalistisch-realistischer Parteilichkeit, nicht ausschließlich auf die politische Ebene. Man könne, so meint er, das Ästhetische der Literatur nicht dem Bedürfnis opfern, politisch eindeutig Position zu beziehen: "And I think that it is much more *realistic* [Hervorhebung durch den Verfasser dieser Interpretationshilfe] in the scenario to come to a conclusion, to think about this whole problem in a very complex way."[9] Insofern könnte man *The Tortilla Curtain* einen **neorealistischen Roman** (neo-realistic novel) nennen, der das Schicksal von Menschen, hier zwei

Familien, in ihrem persönlichen Alltag schildert, wobei ihm das Problem der illegalen Immigration aus Mexiko als Folie dient.

Boyle gehört mit Arthur Miller, Norman Mailer, Thomas Pynchon, Toni Morrison, John Updike, Don DeLillo und anderen ebenfalls zur Generation der Autoren des „Lost Dream", die den Glauben an den „American Dream" verloren haben. Auch Boyle deckt in *The Tortilla Curtain,* einem Roman, der in der Apokalypse endet, das Fehlschlagen des „American Dream" auf und kritisiert ein Amerika, das seine hehren Ziele bisher nicht erreicht hat.

Ein letzter Aspekt, der bisweilen mit Boyle in Verbindung gebracht wird, ist der **pikareske Roman** (picaresque novel). Bei dem im 16. Jahrhundert in Spanien entwickelten realistischen Schelmenroman steht ein *Picaro* (= Schelm) im Mittelpunkt, der das Schicksal mit Witz und Verschlagenheit meistert. Als „Simplizissimus" (Einfaltspinsel) zieht er naiv in der Welt umher und unterzieht die Menschen und die Gesellschaft einer ironischen, satirischen und bisweilen grotesken Kritik. Zum Teil gilt dies auch für Cándido, aber der Mexikaner ist kein „Schelm", der sich mit List und Tücke erfolgreich durchs Leben schlägt, sondern ein armer fremder Wanderarbeiter, dessen Einfalt ihm nicht weiterhilft, sondern in seinem Elend verharren lässt (vgl. S. 55, 86 f. dieser Interpretationshilfe). Er kämpft mit seiner Lebensgefährtin América um das tägliche Überleben in einer ihm feindlich gesinnten Umwelt und gelangt nur in Ausnahmefällen zu einer Kritik dessen, was ihn zerstört (vgl. S. 82, 84 dieser Interpretationshilfe).

2 Zentrale Motive

Gated communities

„Gated communities" sind geschlossene Siedlungen oder Wohnanlagen mit Villen, Einfamilienhäusern oder Apartments, die auf privatem Grund und Boden gebaut wurden. Sie verfügen in der Regel über Gemeinschaftsanlagen und Sicherheitsmaßnahmen wie Zäune und Mauern, Videoüberwachung, bewachte und/oder elektronische Einfahrtstore mit Ausweiskontrollen und Netzhautabtastern. Der Ursprung der „gated communities" liegt wahrscheinlich in der Entwicklung von Megastädten wie Los Angeles. Solche Wohnanlagen liegen meist in den intakten Vororten und dem „natürlichen" Umfeld der großen Städte. Die reichen Bewohner dieser Anlagen zahlen hohe Steuern an ihre Kommune. Für das eingesetzte Kapital gewährt diese Ruhe in der Natur, Sicherheit vor Diebstahl, Vergewaltigung, Mord und eine soziale und ethnische Homogenität, die die gefährliche öffentliche Stadt nicht mehr garantieren kann.

In *The Tortilla Curtain* wird die sechs Jahre alte – anfänglich frei zugängliche – komfortable Wohnanlage Arroyo Blanco Estates nach und nach zu einer Festung. Auch der liberale Humanist Delaney Mossbacher kann diesen Prozess nicht aufhalten. Gegen die zunehmende Angst vor verbrecherischen illegalen Einwanderern und das damit verbundene Sicherheitsbedürfnis ist er machtlos. Er wird schließlich, wie seine Frau und seine Freunde, selber zum fremdenfeindlichen Rassisten (vgl. dazu Kapitel Von der Fremdenfeindlichkeit zur Lynchjustiz). Die „gated community" mitsamt ihren Toren, Zäunen und Mauern wird damit auch zu einer Barriere gegen die Menschlichkeit.

The Tortilla Curtain

In Analogie zum Eisernen Vorhang, der unüberwindbaren, absolut tödlichen Grenze zwischen West- und Ostdeutschland, die 1989 fiel, ist der „tortilla curtain" der Vorhang, der die Verzehrer von „tortillas" (Maisfladen), die Mexikaner, von den Nordamerikanern trennt.

Herstellung von Tortillas

Er erstreckt sich von Südkalifornien, New Mexico, Arizona bis nach Texas und ist bei weitem nicht so gefährlich wie es der „Eiserne Vorhang" war. Täglich konnten und können viele Mexikaner an den offiziellen Grenzübergängen legal in die USA kommen, um niedere Arbeiten zu verrichten. Immer mehr Kalifornier profitieren im Gegenzug von den billigen Preisen im nahen Mexiko. Mit dem Bracero-Programm (1942)[10] kamen viele Mexikaner als billige saisonale Arbeitskräfte nach Kalifornien, um auf Feldern und in Betrieben, aber auch in Haus und Garten, niedere Arbeiten zu verrichten. Als der Boom vorüber war, wurden sie zurückgeschickt. Aber viele blieben. Durch neue Einwanderungsgesetze, z. B. den „Immigration and Naturalization Act" von 1965, sollte vor allem der Zustrom illegaler Immigranten gestoppt werden. Von da an galt und gilt die Aufmerksamkeit von Politik, Medien und eingesessener Bevölkerung den Illegalen. Heute wird der „tortilla curtain" an manchen Stellen von den nordamerikanischen Grenzbehörden scharf kontrolliert. Trotzdem können Tausende von arbeitslosen Mexikanern ihn an anderen weniger gut bewachten Stellen immer wieder überqueren und vor allem in Südkalifornien, aber auch in den anderen Grenzstaaten der USA untertauchen. Vom Leben dieser illegalen rechtlosen mexikanischen Einwanderer in den städtischen und ländlichen Rückzugsräumen entlang dem „tortilla curtain" im Sonnenstaat Kalifornien erzählt Boyles Roman (vgl. zu diesem Motiv auch das Kapitel: Einführung).

Der Kojote, engl. Coyote [US kɔɪˈəʊtɪ]
Der Kojote hat heute fast ganz Nord- und Mittelamerika erobert bzw. zurückerobert und dies trotz fortwährender Verfolgung durch den Menschen. Dieser Eroberungszug ist durch die Ausrottung der Wölfe und Pumas, der natürlichen Feinde der Kojoten, noch zusätzlich erleichtert worden.

Kojoten fressen praktisch alles, auch den essbaren, achtlos fortgeworfenen „Wohlstandsmüll", wie Delaney in einer seiner Kolumnen beklagt (vgl. S. 211 f.). Auch die illegalen verelendeten Mexikaner streichen wie die Kojoten in den Gärten der reichen Vororte herum und durchwühlen die Mülltonnen nach Essbarem. Ebenso wie die Kojoten die Hunde der Mossbachers reißen, weil sie hungrig sind, verspeisen Cándido und América die

Katze Dame Edith der Mossbachers, um nicht zu verhungern. Wie die „illegalen" Kojoten, besetzen auch die illegalen Mexikaner die Räume wieder, aus denen sie von den Weißen einst vertrieben wurden. Sie „rekolonisieren" Kalifornien, ohne dass die Angloamerikaner etwas dagegen unternehmen können. Delaneys Satz: "We cannot eradicate the coyote, nor can we fence him out, not even with eight feet of chain link, as this sad but wiser pilgrim can attest." (S. 214) gilt auch für die ständig wachsende Flut der Einwanderer aus dem Süden. Sie sind – historisch versetzt – eine „population [that] responded to being displaced by another" (S. 193).

Schließlich hat das Wort Kojote eine letzte Bedeutung, die sich im Grenzbereich des „tortilla curtain" allgemein durchgesetzt hat: Ein „coyote" ist auch der kriminelle Schlepper, der illegalen Einwanderern für seine Dienste das ersparte Geld abnimmt und im entscheidenden Moment seine Opfer dem Schicksal überlässt: Vergewaltigung, Raub, Mord, Totschlag, Trennung und Deportation (vgl. S. 18, S. 52, S. 322).

Hiob (engl. Job) und Candide

Hiob, ursprünglich Ijob, ist im Buch Hiob des Alten Testaments ein vorbildlich frommer Mann, der durch Unglücksschläge, die Gott auf Veranlassung des Teufels über ihn bringt, immer wieder geprüft wird und am Ende doch an Gott festhält. Obwohl Freunde die Ansicht vertreten, dass Glück und Unglück des Menschen eine Folge seiner Taten, also auch seiner Sünden, sei, ist Hiob der Ansicht, dass er schuldlos leidet. In seinem Protest geht Hiob bis zur Anklage und Herausforderung Gottes, der darauf Hiobs Unterwerfung und sein Eingeständnis fordert, dass er ihm gegenüber ohnmächtig ist. Die Antworten Gottes auf die Fragen Hiobs bleiben mehrdeutig. Es bleibt ihm die Hoffnung, dass Gott ihn nicht allein lässt, dass er Ordnung in das Chaos bringt und dass er auf die Verpflichtung der Menschheit achten wird, dass es auf der Erde gerecht zugehe.

Auch Cándido muss immer wieder von neuem anfangen „like a shipwrecked sailor" (S. 301). Seiner hochschwangeren Frau América kann er nach dem verheerenden Brand im Canyon kaum helfen. Er fühlt sich als Narr „stumbling through an everlasting obstacle course [...], the fates howling" (S. 280). Als er das schwere Plastikdach für ihre Hütte durch das Gebüsch schleppt und vor Erschöpfung fast zusammenbricht, denkt er an „Christ with his cross and his crown of thorns and wondered who had it worse" (S. 307). Der ständige Schiffbruch, den er und seine Frau erleiden, der Unfall, der wiederholte Verlust ihres gesamten Geldes, die ständige Erniedrigung bei den kleinsten Angelegenheiten des alltäglichen Lebens, bringen ihn dazu, in der apokalyptischen Endphase des Romans „to curse the engine of his misery in a burst of profanity that would have condemned him for all time" (S. 353). Er sieht sich einer sinnlosen Tötungsmaschinerie ausgeliefert, die er in einem Anfall von Gottlosigkeit verflucht, um am Ende den Schöpfer selbst für das vergangene und noch kommende Elend verantwortlich zu machen: "And even that wasn't enough to satisfy an insatiable [unersättlich] God: no, they all had to drown like rats in the bargain" (S. 353).

Spätestens hier wird auch die Verbindung vom Hiob-Motiv zum **Candide-Motiv** deutlich. Es ist die uralte Frage der Theodizee (aus gr. *theos*: Gott und gr. *dike*: Recht = die Rechtfertigung Gottes). Wie kann ein gütiger, gerechter, vollkommener Gott das Leiden in der Welt zulassen? In Voltaires philosophisch-satirischem Roman *Candide* (von lat. *candidus*: zuverlässig, aufrichtig; frz. *candide*: arglos, gutgläubig, vgl. auch span. *candido*: aufrichtig) steht die gleichnamige Hauptfigur gleichsam allegorisch für den unschuldigen, unverstellten naiven Menschen, der lange Zeit an die „beste aller Welten" (Leibniz) glaubt und doch immer wieder in Katastrophen verwickelt wird. Nach einer abenteuerlichen, von einer Vielzahl von Missgeschicken geprägten Weltreise kehrt er desillusioniert nach Hause zurück, um sich der Gartenarbeit hinzugeben. Er weiß jetzt aus Erfahrung, dass die „beste aller Welten" eine Welt voller Katastrophen und Leiden ist, für die es offenbar keine Erklärung gibt. Der Voltairesche Candide zieht sich nach all den schlimmen Erfahrungen in seinen eigenen Garten

C'eſt à ce prix que vous mangez du ſucre en Europe.

Candide Chapitre 19.

zurück. Cándido und seine Gefährtin sind am Ende dem Tode gerade noch einmal entkommen. Die Hand des Mexikaners, die die Hand Delaneys ergreift, um ihn vor dem Ertrinken zu retten, kann insofern ein Zeichen der Hoffnung sein für eine positive Zukunft von Mexiko und Nordamerika. (vgl. S. 58 in dieser Interpretationshilfe).

Die Apokalypse

Der Begriff der Apokalypse (gr. *apocálypsos*: Enthüllung, Offenbarung) bezieht sich in der Regel auf das letzte Buch der Bibel, die Offenbarung des Johannes, sowie eine Reihe von Apokryphen und Pseudepigraphen (verborgene und unechte Bücher) des Alten und Neuen Testaments. Eine Apokalypse kann ein Bericht, eine Vision vom Ende der Welt sein, aber auch die Neuerschaffung des Universums ankündigen. In der „Offenbarung des Johannes" z. B. wird in Visionen und Problemdiskussionen zwischen einem Seher und seinem Gott bzw. dessen Deutungsengel die Zukunft der Erde bis zum Weltende offenbart. Eine Apokalypse kann auch von unabänderlichen schrecklichen Entwicklungen der Welt berichten, von grauenvollen Katastrophen, die in Metaphern und Bildern des Weltuntergangs beschrieben werden.

In *The Tortilla Curtain* werden solche Geschehnisse angekündigt, wenn der Autor von der unerträglichen Hitze und Dürre des kalifornischen Sommers und Herbstes spricht (vgl. S. 111, S. 266 f., S. 276) und den immer wiederkehrenden Feuersbrünsten, Erdbeben, Erdrutschen, Überflutungen und Schlammlawinen (vgl. S. 317, S. 330, S. 309). Dabei wird das Wort „apocalypse" vom Autor auch direkt genannt: "And the fire, when it leapt to the trees like the coming of the Apocalypse, didn't affect her [América], not at first [...]." (S. 274). Mit dem immer stärker einsetzenden Regen wird ein sintflutartiger Prozess in Gang gesetzt, der die Natur und die Menschen zerstört. "[Delaney] stood there in the rain for a long moment, listening for the roar of the mountain giving way – what with erosion in the burn area and all this rain anything could happen." (S. 345). Der Roman enthält ab dem siebten und insbesondere im achten Kapitel, dem Schlusskapitel des Romans, immer mehr düstere, apokalyptische Bilder: „the night was black, utterly, impenetrably black" (S. 346), oder "The universe was reduced to the square foot of broken sky over his [Delaney's] head and the mud beneath his hands." (S. 347). Eine zentrale Metapher findet sich in den folgenden Zeilen: "He was out in it, right in the thick of it, as near to the cold black working heart of the world as he could get." (S. 347). Cándidos tödliches Erschrecken, „[he saw] a gabacho face, as startling and unexpected and horrible as any face leaping out of the dark corner on the Day of the Dead[11]" (S. 351), wird ebenso geschildert wie Delaneys Verzweiflung angesichts der unabwendbaren, durch den Menschen verursachten Umweltkatastrophe: "This couldn't go on anymore, this destruction of the environment, this thrashing of the hills and creeks [...]: this was the end, the end of it." (S. 351). Schließlich, als er im Moment des Abfeuerns seiner Pistole mit seinen Feinden von der Schlammlawine in der Hütte hochgehoben wird, wiederholt sich Delaneys apokalyptisches Bild des unabänderlichen Endes mit genau denselben Worten: "[...] and the light was snuffed out and the faces were gone and Delaney was so much closer to the cold black working heart of the world than he'd ever dreamed possible." (S. 351). Die Metapher des warmen pulsierenden großen Herzens, das die Welt in ihrer natürlichen Schönheit erhält und den Menschen ein Leben in Würde und Anstand ermöglicht, ist hier ersetzt durch das kalte schwarze tickende Zentrum einer diabolischen Maschinerie der Zerstörung, die auf das bevorstehende Weltenende, „the end of it" (S. 352), hinweist. Boyle hat diese apokalyptische Weltuntergangsvision nicht bis zum Schluss durchgehalten. Am Ende ist es die Hand des gepeinigten Cándido, die die Hand seines Peinigers und „Killers" Delaney ergreift, um ihn aus dem Wasser auf das rettende Dach der Post zu ziehen. Cándido vollzieht hier spontan, was Christus mit seinen Worten „Liebet Eure Feinde" in der Bergpredigt gemeint hat. Die rettende Hand ist somit auch ein symbolischer Akt christlicher Nächstenliebe, dessen religiöse Dimension in einem Umfeld, in dem die Schwärze und der Tod vorherrschen, überdeutlich wird.

Der „American Dream"

Der „American Dream" ist ein Ideal, welches die Vereinigten Staaten von Amerika im Innersten zusammenhält. Der Begriff wurde von dem amerikanischen Historiker James Truslow Adams, 1878–1949, in seinem Buch *The Epic of America*, 1931, geprägt. Es ist „that dream of a land in which life should be better and richer and fuller for everyone, with opportunity for each according to ability or achievement."[12] Die Idee der protestantischen Arbeitsethik, der zufolge jeder fromme Christ die Freiheit hat, seine Ziele zu erreichen und es zu Ruhm und Wohlstand zu bringen, wenn er nur hart genug dafür arbeitet, hat den Verlauf der US-amerikanischen Geschichte von Beginn an geprägt und findet sich auch in der *Declaration of Independence* (1776) wieder. In dieser amerikanischen Erklärung der Menschenrechte sind alle Menschen gleich und haben „certain unalienable [unveräußerliche, unverkäufliche] rights", zu denen das Recht auf „Life, Liberty and the Pursuit of Happiness", das Streben nach Wohlstand und Glück, gehört. Für die Besiedelung des amerikanischen Westens und für die verschiedenen Einwanderungswellen im 19. und 20. Jahrhundert spielte der „American Dream" ebenso wie die Begriffe „Manifest Destiny" und „Frontier" eine wichtige Rolle.[13] Eine Vielzahl von Einwanderern aus fast allen Ländern der Erde wollen auch heute noch Bürger der USA werden, um der geringen Lebensqualität ihrer Heimatländer zu entkommen, um in Freiheit und finanzieller Sicherheit erfolgreich und glücklich zu werden.

Auch in den Seelen Cándidos und besonders Américas gehören Dinge wie die „Segnungen" der US-amerikanischen Wohlstandsgesellschaft, „the glitter of the North like a second Eden" (S. 29) und „a house, a yard, maybe a TV and a car, too – nothing fancy, no palaces like the gringos built" (S. 29) zum Glück. Beide brauchen den „American Dream", um der Trostlosigkeit Mexikos zu entkommen. Sie kommen mit großen Hoffnungen „[into] the land of plenty" (S. 324), „the paradise of the North" (S. 178), aber sie bleiben als illegale Einwanderer rechtlos und werden ihrem Schicksal überlassen, wenn sie als billige Arbeitskräfte nicht mehr benötigt werden. Cándido weiß schon sehr früh, dass Werte, wie sie in der Unabhängigkeitserklärung festgehalten sind, nur für die weißen Amerikaner gelten (vgl. S. 82 in dieser

Interpretationshilfe). América muss erst die schmerzlichen Erfahrungen der Diskriminierung, Erniedrigung, Beraubung und Vergewaltigung machen, ehe sie ihre Träume, die sie aus nordamerikanischen Groschenromanen bezieht, endgültig begräbt (vgl. S. 325 f.). Cándido kämpft am Ende nicht mehr für die Verwirklichung des „American Dream", sondern um die „nackte Existenz". Er hat zu allem Überfluss durch seinen unvorsichtigen Umgang mit dem Feuer im Canyon eine katastrophale Feuersbrunst ausgelöst, die zusammen mit dem sintflutartigen Regen und einem apokalyptischen Erdrutsch den „amerikanischen Traum" Arroyo Blanco Estates mit auslöscht.

Aber auch Kyra und Delaney Mossbacher als Vertreter der Wohlstandsgesellschaft haben trotz ihres materiellen Reichtums den „American Dream" nicht verwirklicht. Der Luxus und der schöne Schein der Warenwelt hat insbesondere Kyra abgestumpft. Die Top-Immobilienverkäuferin ist eine „workaholic" und arbeitet und denkt nur für den Profit. Zum Entspannen hat sie nur in ihrem Luxusauto Zeit. Lebensqualität kennt sie nicht. Die ganze Hetze des Alltagslebens bringt sie wiederholt zu einer Art von depressiver Verzweiflung: Worin liegt der Sinn, Häuser zu Höchstpreisen zu verkaufen, wenn man keine Zeit mehr für seine Familie hat?

> *It was then [...] that she caught a glimpse of her own end, laid to rest in short skirt, heels and tailored jacket, a sheaf of escrow papers [Bündel notarieller Vertragsurkunden] clutched in her hand.* (S. 75)

Dieser Blick Kyras auf ihren eigenen Leichnam ist eine vorweggenommene Vision des Scheiterns des „American Dreams", ein Scheitern, das sich auch in ihren Reflexionen kurz vor dem Ausbruch des Feuers zeigt:

When you worked ten and twelve hours a day, six days a week, and sat by the telephone on the seventh and hadn't taken a real vacation in five years, not even for your honeymoon, you had to give something back to your family – and yourself. (S. 267)
Hier ist die protestantische Arbeitsethik – einst nötig, um in der Wildnis zu überleben – in ihr Gegenteil verkehrt und verhindert ein Leben in Glück und Zufriedenheit.

Delaney ist aufgrund seiner liberal-humanistischen Ausgangsbasis etwas näher am „American Dream" als seine Frau. Aber er wird von diesem Ideal systematisch weggedrängt durch ihre Ängste und die seiner Nachbarn, die ihr Recht auf Wohlergehen und Luxus durch den ständigen Zufluss von Immigranten bedroht sehen, und so wandelt er sich zum rassistischen Killer.

Das Thema von *The Tortilla Curtain* ist die gewaltsame, rassistisch motivierte Verweigerung des Anspruchs der illegalen Einwanderer aus Mexiko auf Leben, Freiheit und ein wenig Glück durch die weißen Nordamerikaner. Für die Mexikaner wird der „American Dream" damit zum „American Nightmare".

Boyle ist mit dieser Grundtendenz seines Romans ein glaubwürdiger und herausragender Vertreter derjenigen Autoren, die sich des Scheiterns des amerikanischen Traumes angenommen haben (vgl. S. 50 in dieser Interpretationshilfe).

3 Sprache und Stil

Der Stil eines literarischen Kunstwerks ist immer auch die spezielle Ausdrucksweise des Autors und seiner Einstellung zu seinen Charakteren. Je näher er sie an die gesellschaftliche Realität heranrückt, umso realistischer und ausdrucksstärker wird die Sprache seiner Figuren. Die Stilbreite in diesem Buch reicht dabei vom variantenreichen Standard bis zum Slang und Substandard.

So sieht Delaney den Herumtreiber José Navidad als „jerk" und „son of a bitch" (S. 288). „Jerk" ist ein Slangausdruck und steht für „a foolish, rude or contemptible person". „Son of a bitch" ist eine äußerst beleidigende und vulgäre Beschimpfung für einen Mann, den man für böse und unangenehm hält. Mit „bitch", ursprünglich Hündin, dann auch Schlampe, Miststück, wird auch die Mutter des Beschimpften beleidigt und der Grad der Beschimpfung noch einmal erhöht. Delaney spricht die Worte nicht aus, er denkt sie nur, aber die Wortwahl entspricht seinem psychischen Zustand: Er ist in dieser Szene nicht nur angetrunken, sondern auch von einem unkontrollierbaren Hass gegenüber José und den Mexikanern generell erfüllt. Dieser Hass ist auch in dem alkoholisierten Mob präsent, der mit „racial slurs" (S. 289), rassistischen Verunglimpfungen, auf die beiden mexikanischen Herumtreiber reagiert. José Navidad ist ein „wetback" und „spic" (S. 289). „Wetback", wörtlich übersetzt „feuchter Rücken", ist ein nordamerikanischer Slangausdruck für einen illegalen mexikanischen Einwanderer, der den Rio Grande in Richtung USA durchschwommen hat. Solchen „wetbacks" wurde dann relativ schnell eine herabsetzende, beleidigende Bedeutung zugedacht und der Körperteil für die verachtenswerte Person (**pars pro toto**, Teil fürs Ganze) genommen. Der bildhafte Ausdruck „wetback" ist fast so beleidigend wie die verkürzte Form (clipping) „spic" für „hispanic" (Hispano-Amerikaner) oder „nigger" für einen Afroamerikaner. Aber auch das von José gebrauchte „motherfucker" für Delaney und dessen Erwiderung „fuck you" (S. 289) sind äußerst vulgär.

Das negative Verhältnis von (illegalen) Mexikanern und US-Amerikanern spiegelt sich auch in den Gedanken Cándidos wieder, obwohl er in seinen Reaktionen nur selten so feindselig ist wie seine Kontrahenten und sich nur bei der Wortwahl vergreift. Er denkt an „these norteamericanos" (S. 200), obwohl sie ihm die elementarsten Menschenrechte verweigern (vgl. S. 79 f.

3 Sprache und Stil / 63

in dieser Interpretationshilfe). Das mexikanische „gabacho" (S. 17), ursprünglich spanisch „Franzmann" für einen Franzosen, steht heute für Ausländer, insbesondere aus Nordamerika, und ist genauso beleidigend wie das gleichbedeutende „gringo". Dem mexikanischen Slang entstammen auch von Cándido verwandte Ausdrücke wie „chingado" und „chingon" für Bastard.

Die realistische bildhafte Sprache Boyles findet sich natürlich nicht nur in den Varianten des Slang und Substandard, sondern auch in den eher standardsprachigen Passagen. So ist der „Tortilla Curtain", der Vorhang, der die „Fladenesser" von den Nordamerikanern trennt, eine **Metapher** (metaphor) für die Missverständnisse, den Hass und die Gewalt in dieser Grenzregion geworden. Wenn der brennende Canyon als „the throat of an inconceivable flame-thrower" (S. 275) bezeichnet wird, hat für „throat" eine Inhaltsübertragung vom menschlichen oder tierischen Rachen zur Mündungsöffnung eines Flammenwerfers stattgefunden. Der gleiche Prozess hat in „the wind screamed, it screamed for blood, for sacrifice" (S. 275) stattgefunden: Der Wind wird zum blutrünstigen brüllenden Krieger. Mit diesem Bild wird dem Leser suggeriert, dass sich der gesamte Canyon in einem kriegsähnlichen Aufruhr befindet. Auch der umgekehrte Transfer, vom Gegenständlichen zum Seelischen wird von Boyle verwandt, etwa wenn er von "[...] a predatory scream that took the varnish [Lack, Politur] off their souls." (S. 36) spricht. Hier geht der Lack, die Schutzschicht, ab von der menschlichen Seele angesichts des miterlebten Todeskampfes des Hundes Sacheverell. „The wall" kann man als **Symbol** (symbol) nicht nur der Abgrenzung, sondern auch der (unterschwelligen) Xenophobie der dominanten Kultur der Angloamerikaner sehen. Hinter Abstrakta wie „Abgrenzung" und „Xenophobie" steht bei Boyle natürlich ein detailliertes schöpferisches Abbild der sozialen Realität in Südkalifornien (vgl. S. 51–61 in dieser Interpretationshilfe). Weitere Metaphern bzw. bildhafte Vergleiche oder Wortkombinationen sind: „arms <u>scissored</u> at the back of their heads" (S. 288), „everything's not alright [...] everything <u>sucks</u> [saugen, hier: am. slang für ‚beschissen']" (S. 312), „the <u>torrents</u> of humanity surging in from China" (S. 342), „grey banks of drizzle <u>bellying up</u> [sich ausbauchen, anschwellen] to the hills" (S. 336) oder „houses <u>climbing</u> the hills <u>like</u> some sort of blight" (S. 280). Das Bild der den Hügel „hinaufkletternden" Häuser ist hier erweitert durch ein **Simile** (simile), „like some sort of <u>blight</u>", ein Vergleich der die Natur verunstaltenden Häuser mit dem Mehltau und der Fäule, die Pflanzen befällt. Weitere Beispiele für Similes sind: „a roar like a thousand jets" (S. 275), „Kyra looked as if she were about to lift off and shoot through the ceiling" (S. 271), „his skin that was like too much milk in a pan of coffee" (S. 140), „an Indian, burnt like a piece of toast" (ebda.). Solche Vergleiche können auch die Struktur einer **rhetorischen Klimax** (rhetorical climax) haben. In der folgenden Reihe, „she [América] stank <u>like</u> one of the homeless, <u>like</u> a wild thing, <u>like</u> a corpse" (S. 250) handelt es sich um drei Similes, deren Intensität sich steigert bis zum Höhepunkt „like a corpse". Das Simile kann sogar direkt an ein Adjektiv angehängt werden, wie in „one <u>h</u>owling <u>h</u>ot dry-<u>as-a-bone</u> day" (S. 250). In dieser Nominalphrase fällt als weiteres Stilmittel die **Alliteration** (alliteration), die Wiederholung eines Lautes am Anfang benachbarter Wörter, auf. All diese Ausdrücke zeigen die Imaginationskraft des Schriftstellers Boyle, der mit seinen Bildern die objektiven und psychischen Realitäten, auf die er sich bezieht, auf seine Weise ästhetisch gestaltet. Die zuvor schon erwähnte **Klimax** (climax) ist ein Stilmittel, das sich eher auf den Satzbau bezieht: "The son of a bitch. The jerk. The arsonist." (S. 288) ist eine Reihung von Nominalphrasen, zwei Beleidigungen zu Beginn mit einer unbewiesenen schweren Beschuldigung als Höhepunkt. Ähnliches gilt für „the son of a bitch, the jack-in-the-box, the firebug" (S. 347). Die Klimax „<u>he was</u> the hater, <u>he was</u> the redneck, the racist, the abuser" (S. 290) enthält zusätzlich eine **Anapher** (anaphora), eine Wiederholung eines Wortes oder Satzteiles zu Beginn von zwei oder mehr aufeinander folgenden Sätzen, Satzteilen oder Textabschnitten. Anaphorisch ist auch die Wiederholung von Satzphrasen in "Didn't they know what was at stake here, didn't they know they weren't in Mexico anymore?"(S. 287). Gleichzeitig wiederum handelt es sich in diesem Beispiel um vorwurfsvolle **rhetorische Fragen** (rhetorical questions) auf die Antworten nicht erwartet werden, da sie selbstverständlich sind. Auch die **Parataxe** (parataxis), der nebenordnende Gebrauch kurzer aufeinanderfolgender Sätze: "That was the American way. Buy something. Feel good. But he didn't feel good, not at all. He felt like a victim." (S. 149) ist typisch für *The Tortilla Curtain*.

Auffällig an Boyles Stil ist auch die Tatsache, dass der Autor sich nicht vollständig mit seinen Charakteren identifiziert, sondern bisweilen auf kritische Distanz zu ihnen geht. Dies gelingt ihm am besten in **satirischen** (satirical) Textpassagen. Satirische Texte oder Textabschnitte wollen bestimmte Personen und die gesellschaftliche Wirklichkeit, der sie ausgesetzt sind, spöttisch kritisieren oder gar der Lächerlichkeit preisgeben. **Sarkasmus** (sarcasm) (gr. *sarkasmós*: beißender Spott) und **Ironie** (irony) (gr. *eironeia*: Verstellung, feiner verdeckter Spott; das Gegenteil dessen, was man sagt, meinen) spielen hierbei eine wichtige Rolle. So ist Boyles Beschreibung einer Frau aus der Menge, die oben auf dem Canyon das Ende des Feuers abwartet, beißender Spott:

He [Delaney] turned round on a heavyset woman with muddy eyes and a silver hoop in her right nostril. She wore a shawl over a heavy brocade dress that trailed in the dirt and hid her shape. "And I want to know too", she cried, stumbling over the last two syllables, and Delaney saw that she was drunk. (S. 288)

Delaney sieht eine dicke, wohl in die Jahre gekommene Hippiefrau vor sich, die einen Silberreif im rechten Nasenflügel trägt und deren im Dreck schleifendes Kleid aus Brokat von ihrer Unförmigkeit ablenken soll und die so betrunken ist, dass sie nicht mehr sprechen, geschweige denn denken kann. Die Charakterisierung dieser Frau ist eindeutig bösartig, aber trotz der übertriebenen Darstellungsweise durchaus real und der sich zuspitzenden Situation angemessen.

Die sarkastische Einmischung des Autors wird auch in folgender Beschreibung Delaneys deutlich:

> *It seemed he was always in a rage lately – he, Delaney Mossbacher, the Pilgrim of Topanga Creek – he who led the least stressful existence of anybody on earth besides maybe a handful of Tibetan lamas.* (S. 154)

Hier regt sich jemand ständig künstlich auf, dessen „realer Stresspegel dem eines stoischen tibetanischen Lamas entspricht" und der ja eigentlich ein geruhsamer, abgeklärter, frommer Pilger ist bzw. sein will.

Auch Delaneys Frau kommt nicht ungeschoren davon. Für sie, so will es der Autor, ist die Liebe eine Art Sexualtherapie: Kyra ist besonders leidenschaftlich, wenn sie weiß, dass ihre Mutter gerade eine Gallenblasenoperation hat (vgl. S. 65). Kyra ist eine durchaus erfolgreiche Geschäftsfrau und Managerin, aber leider auch so „verdreht", dass sie die kleinen und großen Leiden anderer als Stimulus für den „Erfolg" in der körperlichen Liebe braucht:

> *Smaller sorrows aroused her too – having a neighbour list her house with a rival company, discovering a dent in the door of her Lexus, seeing Jordan [her son] laid low with flu or swollen up with the stigmata of poison oak [eine Hautkrankheit]. Delaney could only imagine what the death of a dog would do to her.* (S. 65)

Die aggressive „männliche" Dominanz Kyras zeigt sich in folgender Situation nach dem großen Feuer:

Kyra, in contrast [to her mother], had tied her hair back and foregone [verzichtet auf] makeup, and even in her party dress she looked streamlined, girded for battle. Before Delaney could get out of the car she was in the house, striding from room to room like a field marshal, calling out the cat's name while punching numbers into the portable phone. (S. 292)

Der satirisch-sarkastische Effekt ergibt sich in dieser Passage aus der Verwendung der **Hyperbel** (hyperbole), der übertreibenden Darstellung des Charakters, die einen komischen Effekt hat, insbesondere durch die Kombination von „party dress", „girded for battle" und „field marshal", die manchen Leser zum Schmunzeln bringen mag.

Die Mossbachers werden, und das entspricht der satirischen Absicht des Autors, schon sehr früh als konsumorientierte „yuppies [young urban professionals]" charakterisiert. Kyra besitzt einen teuren Lexus (vgl. S. 31), ihr „sanctuary" mit Schallberieselungsanlage zur Entspannung (vgl. S. 73). Der Hausmann Delaney hat einen schicken japanischen Acura mit „personalized plates" (S. 3 und S. 5) und gefällt sich in der Rolle des fortschrittlichen, öko-liberalen Humanisten. Das Ehepaar lebt im Luxus, genießt den Erfolg und merkt nicht, dass eben dieser Luxus eine wesentliche Ursache für die Zerstörung der Natur ist, die Delaney als seinen „heiligen Schrein" ansieht: "I'm a pilgrim, that's all, a seer, a worshipper at the shrine." (S. 76).

Es scheint fast so, als habe sich Boyle von Beginn an auf das weiße Ehepaar und die weiße Zivilisation eingeschossen. Dies ist aber nicht unbedingt negativ zu sehen, zumal das Paar Cándido und América ein solches Ausmaß an Leiden und Unglück erfährt, dass eine satirisch-spöttische Kritik an ihnen schlechthin unmöglich ist bzw. fehl am Platze wäre. Nur selten kommt es zu Ansätzen von Kritik an den beiden Mexikanern, etwa wenn der hungrige Cándido aus lauter Verzweiflung komplizierte Fangnetze für kleine Singvögel herstellt, „while América looked on in stony silence – her sympathies lay clearly with the birds" (S. 196). Später rupft er die kleinen Vögel und brät sie mitsamt den Köpfen in Speck:

> América wouldn't touch them. But Cándido ran each miniature bone through his teeth, sucking it dry, and there was satisfaction in that, the satisfaction of the hunter, the man who could live off the land, but he didn't dwell on it. How could he? The very taste on his lips was the taste of desperation. (S. 197)

Den ins Zynische, in schwarzen Humor übergehenden Sarkasmus kann der Autor angesichts der verzweifelten Lage Cándidos nicht fortführen. So holt er Cándido von seinen Jägerfantasien wieder zurück in die Wirklichkeit: "He didn't dwell [hier: sich einem Gefühl hingeben] on it. How could he?"

Ironie, Satire, Scherz beziehen sich in The Tortilla Curtain eher auf die Repräsentanten der weißen nordamerikanischen Bevölkerung. Eine Reihe von Kritikern haben das Boyle sehr übel genommen (vgl. S. 103–105 in dieser Interpretationshilfe). Aber das Recht auf kritische Distanz zu seinen Figuren kann man keinem Autor nehmen, im Besonderen einem solchen wie Boyle nicht, der ebenso privilegiert ist wie seine angloamerikanischen „Antihelden" und dessen Kritik an ihnen auch ihn selbst trifft.

4 Charaktere und Personenkonstellation

Der Kontrast der beiden Gegensatzpaare könnte schärfer nicht sein: **Delaney Mossbacher** und **Kyra Menaker-Mossbacher**, eine wohlhabende weiße Familie, die in 32 Piñon Drive, Arroyo Blanco Estates einem Nobelviertel im Topanga Canyon, County Los Angeles, im Luxus lebt und **Cándido Rincón** und seine Lebensgefährtin **América**, illegale mexikanische Einwanderer ohne Wohnsitz, Arbeit und Geld, ständig in Gefahr zu verhungern, von eigenen Landsleuten ausgeraubt, vergewaltigt und ermordet oder von der amerikanischen Grenzpolizei aufgegriffen und ausgewiesen zu werden.

Delaney Mossbacher und Kyra Menaker-Mossbacher

Sowohl der 39-jährige (S. 114) Delaney als auch Kyra sind zum zweiten Mal verheiratet. Der 6-jährige Jordan ist Kyras Sohn aus erster Ehe. **Delaney** ist nach der Scheidung von seiner ersten Frau, die ihr gemeinsames Kind abtreiben ließ „because they weren't ready yet" (S. 290) von New York nach Südkalifornien gezogen (vgl. S. 109, S. 225). Dort hatte er Kyra kennen und lieben gelernt. Beide sind Nichtraucher, Vegetarier, Antialkoholiker, Mitglieder verschiedener wohltätiger Clubs und der Demokratischen Partei und gehören keiner Religion an (vgl. S. 34). Delaneys Vater und Mutter waren Immigranten: Er kam aus Bremen und sie aus Irland (vgl. S. 102). Insofern ist sich Delaney dessen bewusst, dass in Amerika eigentlich jeder ein Einwanderer ist (vgl. S. 102). Delaneys Familienname ist ein „telling name", ein sprechender Name. Ein „mossback" ist ein rückschrittlicher, reaktionärer Konservativer[14]. Der Name ist fast schon Programm für Delaneys Entwicklung. Er sieht sich als „Pilgrim at Topanga Creek" und schreibt als Amateurbotaniker und -zoologe einmal pro Monat eine Kolumne in der Zeitschrift *Wide Open Spaces* über die Natur des Topanga Canyon, in dem er wohnt. Somit kann er, vorerst, als ein liberaler Humanist gelten, der die Natur schützt und die Menschenrechte auch für Immigranten für selbstverständlich hält. Aber es wird ihm schmerzlich bewusst, dass immer mehr Müll in die Natur geworfen wird, vor allem von illegalen mexikanischen Campern, die meinen, der Canyon sei eine Müllkippe. Sein Ziel, die Natur vor solchen Menschen zu bewahren und zu beschützen, macht ihn aber auch zum konservativen Ökologen und – zu Beginn unbewusst –

zum Feind der Mexikaner (vgl. S. 11, S. 32, S. 39). Sein Wandel vom liberal denkenden Umweltschützer zum konservativen Rassisten vollzieht sich folgerichtig und Stück für Stück. Er kann sich der Realität in Form einer deutlichen Zunahme von Einbrüchen und Verbrechen im Wohnviertel und auch den fremdenfeindlichen Argumenten seiner weißen Freunde nicht entziehen. Deswegen ist sein Widerstand gegen Tor, Zaun und Mauer um das Wohngebiet Arroyo Blanco nicht von Dauer. Für Missgeschicke, wie den unglücklichen Unfall mit Cándido, den Diebstahl seines ersten Autos, den Unfall mit seinem neuen Auto und das Feuer im Canyon macht er seinen „Erzfeind" Cándido und seine Ethnie verantwortlich und endet schließlich als weißer Rassist, der sogar vor Lynchjustiz nicht zurückschreckt (vgl. S. 98 f. in dieser Interpretationshilfe) und als Killer, der Cándido unbedingt zur Strecke bringen will.

Delaneys Frau **Kyra**, in Kalifornien aufgewachsen, ist eine attraktive und äußerst erfolgreiche Immobilienmaklerin. Sie fährt im Gegensatz zu ihrem Mann, der, da er nichts verdient, sich „nur" einen sportlichen Acura leisten kann, einen luxuriösen Toyota Lexus. Ein zweites Kind, wie Delaney es sich von ihr wünscht, möchte sie nicht, da sie zu viel Arbeit hat (vgl. S. 225). Damit liegt sie im Trend der postmodernen westlichen Karrierefrau. Sie ist sehr gesundheitsbewusst und versucht, diese Haltung auf ihren Sohn zu übertragen. Ihre zwei Dandie Dinmont Terrier Osbert und Sacheverell und ihre siamesische Katze Dame Edith sind ihr ein und alles. Die beiden Hunde werden von Kojoten gerissen, die Katze wird von Cándido als Fleischbeilage in einem Eintopf verwertet. Über den Tod ihrer Haustiere kommt sie kaum hinweg. Das Tor, den Zaun und die Mauer sieht sie von Anfang an als sinnvoll an, denn der Schutz gegen die Einwanderer ist ihrer Ansicht nach notwendig, um die Wohnqualität (und die Immobilienpreise) auf hohem Niveau zu halten. Sie benutzt ihre Verbindungen ohne Skrupel, um den

Ventura Boulevard von geschäftsschädigenden illegalen Fremden säubern zu lassen und leitet auch die Auflösung der Mexikanischen Arbeitsvermittlung in die Wege. Der Konflikt mit ihrem Ehemann Delaney über die Mauer, führt zu einer ernsten Ehekrise (vgl. S. 219 f.). Ihre feindliche Begegnung mit den beiden mexikanischen Herumtreibern (vgl. S. 164) und schließlich ihre abgebrannte Lieblingsimmobilie Da Rosa steigern ihren Hass auf die Mexikaner ins Unermessliche. Sie nennt sie „the barbarians outside the gates of Rome, only they were already inside", die alles zerstören (vgl. S. 311).

Cándido Rincón und América

Cándido Rincón ist zur Zeit der Handlung schon einige Monate mit seiner im vierten Monat schwangeren Partnerin América in Kalifornien. Er ist 33 Jahre alt, sieht aber älter aus. Als 6-jähriger Junge fühlte sich der streng erzogene Katholik schuldig am Tod seiner strenggläubigen Mutter, weil er nicht gehorsam war (vgl. S. 21). Schon in jungen Jahren verdiente er Geld bei der Kartoffelernte in Idaho und als Zitronenpflücker in Arizona (vgl. S. 50 f.). Zu Hause im mexikanischen Tepoztlán galt er als „Gott", der sein Dorf mit Geld und den „Segnungen der westlichen Konsumgesellschaft" versorgte. Mit 20 heiratete er Resurrección, die ältere Schwester der damals 4-jährigen América. Sie war bei der Hochzeit Blumenmädchen. Nach der Heirat ging Cándido wieder für neun Monate weg, um in den USA zu arbeiten. Aber neun Monate sind in den von den Männern verlassenen Dörfern Mexikos eine lange Zeit (vgl. S. 139). So musste er, der mit seiner Frau bisher kein Kind zeugen konnte (vgl. S. 51), eines Tages feststellen, dass Resurrección von einem fremden Mann im sechsten Monat schwanger war. Zu diesem Zeitpunkt war América 12. Den Kampf mit dem Rivalen auf dem Markplatz seines Dorfes verlor er schmählich und wurde danach zu einem versoffenen Bettler, Feuerschlucker und Köhler (vgl. S. 52). Seine spätere Begegnung mit der erst 16 Jahre alten América war ein Glücksfall. Sie wurden ein Paar, obwohl eine Hochzeit nicht möglich war, da Cándido nach katholischem Recht noch mit Resurrección verheiratet war. Er überredete sie, mit ihm in den „goldenen Norden" zu gehen. Erst beim zweiten Mal gelang es ihnen, den Metallzaun an der Grenze zu überwinden. Beim ersten Mal war der „coyote", der Schlepper, dem sie viel Geld gegeben hatten, plötzlich verschwunden. Eine Bande von „Mexican animals" (S. 59) raubte sie aus und war gerade dabei, América zu vergewaltigen, als ein Hubschrauber der Grenzorgane sie rettete und nackt, nur mit einer Decke versehen, über die Grenze abschob (vgl. S. 59/60). Dennoch fängt das Paar nach jedem Schicksalsschlag wieder von neuem an, um aus seiner Misere herauszukommen.

Grenze zwischen den USA und Mexiko

Américas Entwicklung ist – fast noch stärker als die Cándidos – von der langsamen aber folgerichtigen Abkehr vom Ideal des „American Dream" geprägt (vgl. S. 28/29 und S. 129). Denn die Versprechungen und Verheißungen der Konsumwelt des weißen Nordamerika gehen für sie nicht in Erfüllung. Was die junge Mexikanerin erlebt, ist ständige Benachteiligung, Betrug, Hunger, Armut, Gewalt und Vergewaltigung in einem zunehmend feindlichen sozialen und politischen Umfeld. Ihr psychischer Zusammenbruch, den Cándido beobachtet: "She was like a deranged [geistig und seeelisch zerrüttet] person, [...] sitting there, rocking back and forth and chanting to herself." (S. 249), gleicht einem Fluch, einem bösen Zauber, den man ihr auferlegt hat und er ist die Vorstufe zu einer gefährlichen mit Selbstmordfantasien verbundenen Labilität (vgl. S. 272/273). Je mehr sich die persönlichen Missgeschicke häufen, umso kleiner wird „the peephole", Américas Guckloch, das ihr einen Blick auf das Leben ermöglicht. Kurz vor der panikartigen Flucht vor dem durch Cándido verursachten schrecklichen Feuer wünscht sie sich, sie wäre stark genug gewesen, "[...] to let the peephole close down forever." (S. 274). Den Schritt, Selbstmord zu begehen, tut sie nicht, weil sie ein Kind in sich trägt. Aber ihr Entschluss, die USA endgültig zu verlassen, ist hier schon unumstößlich, obwohl sie ihn erst später artikuliert (vgl. dazu S. 323/324). Américas Verhältnis zu Cándido ist zwiespältig. Ihre Bindung an ihn ist sehr früh schon nicht mehr von Liebe geprägt, obwohl dieser alles tut, um ihr ein angenehmes Leben zu bieten und sich bis zum Ende um sie kümmert. Aber der verletzte und frustrierte Cándido ist immer noch mexikanischer „Macho" genug, um seine junge schwangere Frau zu verprügeln und eine Hure zu nennen, weil sie ohne seine Zustimmung zur Arbeit geht (S. 80/81). Darüber hinaus lässt sich der unermüdlich gegen das Schicksal kämpfende Cándido kaum etwas zuschulden kommen. Sein größter Fehler ist es, beim Überqueren des Highways nicht aufzupassen und so Delaney Mossbacher in die Quere zu kommen, der ihn für die Ungelegenheiten, die er dem weißen Amerikaner bereitet, hasst und Cándido bis zum bitteren Ende verfolgt. Dafür dass er sich Baumaterial für seine letzte Elendshütte bei den reichen Weißen zusammenstiehlt, entschuldigt sich der gläubige Katholik mit dem Katechismus. Er stiehlt, weil ihn die Not dazu zwingt und wird seine Schulden später begleichen (vgl. S. 304). Auch für das Feuer, das er aus Unachtsamkeit und Freude über den geschenkten Truthahn im Canyon legt, kann er im Grunde nichts.

Vergleich der Paare Rincón und Mossbacher

Boyle hat die beiden Kontrastpaare unterschiedlich konzipiert und vor allem die Charaktere der weißen US-Amerikaner sind bewusst negativ gezeichnet worden (vgl. S. 67 f. in dieser Interpretationshilfe). Dies mag in gewisser Hinsicht zutreffen, aber die Mossbachers entsprechen als Typen und Individuen der US-amerikanischen Wirklichkeit. Dem gehobenen Mittelstand angehörig, scheinen sie den American Dream in Form von herrlichem Grundbesitz, zwei Superautos und weiterem materiellen Luxus realisiert zu haben. Aber beide machen im Roman eine schmerzhafte Entwicklung durch, an deren Ende sie feststellen müssen, dass Reichtum nicht alles im Leben ist. (vgl. S. 57 f. in dieser Interpretationshilfe). Dies und auch die Tatsache, dass Kyra ihre Hunde Sacheverell und Osbert sowie ihre Siamkatze Dame Edith nach den drei Kindern von Sir George und Lady Ida Sitwell, zwei englischen Dichtern und Kritikern, benannt hat und Delaney seine monatliche Kolumne „Pilgrim at Topanga Creek" zu Ehren der berühmten Umweltschriftstellerin Annie Dillard (S. 32) genannt hat, spricht dagegen, dass sie wenig differenzierte Charaktere (flat characters), ausschließlich Typen oder Karikaturen, sind. Insbesondere Delaneys allmählicher Wandel vom liberalen Humanisten zum fremdenfeindlichen Rassisten macht ihn zu einem differenzierten, vielschichtigen Charakter (round character), dessen Entwicklung vom Psychologischen und Sozialen her wohl begründet ist. Der Test für einen differenzierten Charakter ist eine gewisse Unvorhersehbarkeit und die Fähigkeit, im Leser Gefühle der Sympathie, des Mitleids oder auch der Ablehnung hervorzurufen. Ihn besteht auch Kyra, obwohl sie als reiche „young urban professional" und harte Immobilienmaklerin, die, da es ihr um die Sicherheit und die Garantie ihres „way of life" geht, keinen eigentlichen Wandel von der liberalen, im Grunde jedoch konservativen, Geschäftsfrau zur am Ende fremdenfeindlichen Bewahrerin des status quo durchmacht. Diesen Test bestehen allerdings América und Cándido in besonderer Weise. Ihre Vergangenheit und ihre Verwurzelung im katholischen Glauben (S. 17, S. 21, S. 29, S. 121 f., S. 307) sowie ihre grundlegende Anständigkeit werden insgesamt detaillierter dargestellt. Die kleinen und großen Katastrophen, die sie in der kurzen Zeit von etwa einem halben Jahr als rechtlose „indocumentados" (Illegale ohne Papiere) durchleiden, ohne dass sich ihre Hoffnung auf Besserung je erfüllt, macht sie zu tragischen Figuren in einer gesellschaftlichen Realität, die vielen anderen Menschen desselben Herkommens das gleiche hoffnungslose Schicksal bereitet (vgl. S. 79 f. in dieser Interpretationshilfe).

Boyles Charaktere sind Allegorien, Personifizierungen von Ideen und Eigenschaften und tragen Namen, die diese Eigenschaften darstellen. Das trifft auch auf América zu: „Indita" (S. 204), die kleine Indianerin, wie Cándido sie manchmal leicht spöttisch nennt. Sie hasst diese Bezeichnung, weil sie die Kritik an ihrem Aussehen und ihrem indianischen Blut heraushfühlt. Doch kann man in „indita" auch das junge, hoffnungsvolle, unschuldige Amerika der Indianer sehen, das von seinen Kolonisatoren vergewaltigt wurde. Cándido ist der Prototyp des einfachen, unverbildeten Individuums, dessen Leben fast ausschließlich aus Katastrophen besteht (vgl. S. 71 f., 80 f. in dieser Interpretationshilfe).

Jack Jardine (von frz. *jardin*: Garten)

Er ist Anwalt und Freund der Mossbachers und der Präsident der Arroyo Blanco Eigentümergesellschaft. Mit seiner Überredungskunst gelingt es ihm, Kyra und zuletzt auch Delaney dazu zu bewegen, dem Mauerbau um die Wohnanlage Arroyo Blanco zuzustimmen. Er benutzt das Argument der Sicherheit vor Kojoten und Mexikanern zuerst verdeckt, später aber immer eindeutiger zu fremdenfeindlicher Stimmungsmache (vgl. S. 101 f., S. 218 und Seite 90 f. in dieser Interpretationshilfe).

Jack Jardine Jr.

Er ist der zu Gewalttätigkeit neigende Sohn Jack Jardines. Er unterhält sich mit einem Freund auf herabwürdigende Weise über mexikanische Mädchen. Zusammen verwüsten sie Cándidos Lager (vgl. Teil 1, Kapitel 4 des Romans). Delaney hält sie auf Fotos als Graffitisprayer fest (S. 346).

Jack Cherryton

Er ist Sekretär der Eigentümergesellschaft. Beruflich arbeitet er für die Hollywood Filmindustrie und stellt Filmtrailer her. Mit seiner sonoren, weittragenden Stimme und seiner Rhetorik kann er die Stimmung in Versammlungen in kürzester Zeit umdrehen (vgl. S. 90 f. in dieser Interpretationshilfe). Delaney entwickelt in Jack Cherrytons Fotolabor seine Filme und schafft sich auf seinen Rat hin eine Pistole an.

Jim Shirley

Er hat ein dubioses Import Geschäft, „Jim Shirley Imports", und ist sehr korpulent. In einer Versammlung der Einwohner von Arroyo Blanco (S. 42 f.) informiert er über Einbrüche und später empfiehlt er allen die Einrichtung einer Telefongeheimnummer (vgl. S. 189 f.). Er ist auch der Boss Américas, die in seinem Lagerraum Buddha-Statuen mit einem gefährlichen Lösemittel behandeln muss, um einen Teil ihres Lohnes von ihm betrogen wird und seine unsittlichen Annäherungen erdulden muss (vgl. S. 97).

Dominick Flood
Er besitzt ebenfalls eine Villa in Arroyo Blanco. In seinem Haus finden zwei entscheidende Parties statt, bei denen die Entscheidungen zum Bau des Tores und der Mauer vorbereitet werden (vgl. S. 90 f. in dieser Interpretationshilfe). Aufgrund krimineller Finanztransaktionen muss er eine elektronische Fußfessel tragen, die er geschickt in die Handtasche von Kit Menaker – Kyras Mutter, sie hatte sich ihm unvorsichtigerweise an den Hals geworfen – schmuggelt, ehe er im Durcheinander des Feuers das Weite sucht.

Todd Sweet
Er ist ein liberal gesinnter junger Mann, der gegen die Mauer ist. Er versucht, Delaney zu bewegen, zusammen mit ihm eine Resolution gegen die Mauer zu verfassen. Aber Delaney zögert. Die negativen Erfahrungen der vergangenen Tage (das gestohlene Auto, die Vergewaltigung Sunny DiMandias etc.) beschwören in ihm eine Vision von „starving hordes lined up at the border, […], of the whole world a ghetto and no end to it" (S. 227) herauf. Er lässt sich Todds Telefonnummer geben, nimmt sie aber gar nicht mehr richtig wahr und geht davon. In gewisser Hinsicht ist Todd das schlechte Gewissen Delaneys, aber dies ist sein letzter Versuch, ihn zu einer Position der Toleranz gegenüber den Mexikanern zurück zu gewinnen und er schlägt fehl.

Sunny DiMandia
Sie wurde in ihrem Haus von illegalen Einwanderern ausgeraubt und vergewaltigt.

José Navidad

José Navidad ist Spanisch für „Joseph Weihnachten". Der Name steht in auffälligem Gegensatz zu seinem Charakter. Jeder, der mit ihm zu tun hat, empfindet Ekel und Abscheu. Zwar wird er zu Unrecht der Brandstiftung angeklagt (vgl. dazu Abschnitt: Von der Fremdenfeindlichkeit zur Lynchjustiz) und auch die Schmierereien in der Gegend gehen nicht auf sein Konto. Cándido, der den Mexikaner, der eine Baseballkappe umgedreht auf dem Kopf trägt (eine Geste des Protests, die die Unberechenbarkeit und latente Amgriffslust der jeweiligen Person betonen soll, vgl. S. 81, S. 116), im Canyon zufällig trifft, fühlt sich sofort in seiner Existenz bedroht (vgl. S. 88 f.). Delaney, der ihm ebenfalls auf einer seiner Wanderungen im Canyon begegnet, sieht in ihm einen gefährlichen Eindringling (vgl. S. 115 f.). Auch Kyra, die ihn zusammen mit seinem Gefährten vor dem Da Rosa Anwesen trifft, spürt den Hass, die Verachtung und die potentielle Grausamkeit Josés so deutlich, dass sie große Angst bekommt. Um sich zu schützen, greift sie zu einer Notlüge und behauptet, ihr Mann und ihr Bruder seien in der Villa. Nach kurzer Überlegung treten die beiden Mexikaner den Rückzug an, nicht ohne ihr zu verstehen zu geben, dass sie ihre Lüge durchschaut haben: José dreht sich im Weggehen noch einmal nach Kyra um, lächelt sie an und wünscht ihr, ihrem Mann und ihrem Bruder einen guten Tag. Eine schöne weiße Frau in ihre Gewalt zu bekommen, wäre wohl sehr reizvoll für sie gewesen; aber sie schrecken wohl wegen der Probleme, die ihnen daraus erwachsen könnten, vor gewalttätigen Aktionen zurück. Bei América hatten sie nichts zu befürchten. Sie wird von José während des Wartens auf Arbeit bei der Arbeitsvermittlung sexuell belästigt und später von ihm und seinem mexikanischen Komplizen ausgeraubt und brutal vergewaltigt (vgl. S. 141 f.). Diese Vergewaltigung ist offenbar die Ursache für eine Entzündung in Américas Genitalbereich und vermutlich ursächlich für die Erblindung ihrer Tochter Socorro. Wenn man José als allegorischen Charakter sieht, der abstrakte Eigenschaften oder Ideen personifiziert, so kann man in ihm den Vergewaltiger der kleinen Indianerin, Cándido nennt América einmal „indita" (S. 204), sehen, des unschuldigen, unverdorbenen Amerikas der Ureinwohner (vgl. S. 75 in dieser Interpretationshilfe). Delaney sieht José bei der letzten Konfrontation mit ihm nach Ausbruch des Feuers als Abschaum und entwickelt einen unbändigen Hass auf ihn (vgl. S. 286 f.).

Candelario Pérez
Er ist der Leiter der provisorischen Arbeitsvermittlung für illegale Einwanderer. Er vermittelt América und auch Cándido Arbeit, kann gegen die von den Weißen (u. a. Kyra und Dominick Flood) betriebene Schließung dieser nur vorübergehend tolerierten „Institution" aber nichts ausrichten.

Al Lopez
Er ist ein Mexikaner mit nordamerikanischem Pass. Er hat ein Maurergeschäft und beschäftigt Cándido beim Bau der Mauer um Arroyo Blanco, wo ihn Kyra wiedererkennt.

5 Interpretation von Schlüsselstellen

Armut, Angst und Beziehungslosigkeit im „Land der unbegrenzten Möglichkeiten"

Interpretation von Teil 2, Kapitel 4, S. 195–202
Das mexikanische Paar Cándido und América Rincón hat, da es illegal eingewandert ist, kaum Chancen, in Kalifornien Arbeit zu bekommen und Geld zu verdienen, um ein menschenwürdiges Leben zu führen. Da alle illegalen Einwanderer aus Mexiko sich in derselben misslichen Lage befinden, ist die Konkurrenz groß und das Verhältnis der beiden zu den Mitgliedern ihres eigenen

Volkes durch Misstrauen, Angst und feindselige Rivalität bestimmt. Eine wirklich menschliche Beziehung zu den weißen Amerikanern aufzubauen, ist Cándido und América genauso wenig möglich. Beide Ethnien verbleiben in ihren Welten und misstrauen einander. Die im Roman ständig präsente Beziehungslosigkeit der Individuen – die, wie wir später sehen werden, auch das Verhältnis der Weißen zueinander betrifft – nimmt im Falle der Rincóns bedrohliche, ihre Lebenschancen zerstörende Züge an. Ihre hoffnungslose Situation ist das Resultat von Armut, Arbeitslosigkeit, Frustrationen, ständiger Unsicherheit und Gefahr. Dass eine solche Lebenssituation auch zu einer zunehmenden Entfremdung der Partner führt, liegt auf der Hand.

Die Analyse zentraler Textstellen aus Teil 2, Kapitel 4 des Romans soll den Mangel an Menschlichkeit, was die Beziehung von Individuen, Ethnien und sozialen Klassen zueinander anbetrifft, aufzeigen.

Nachdem Cándido von den schlimmen Verletzungen als Folge des unglückseligen Zusammenstoßes mit dem Auto Delaney Mossbachers halbwegs genesen ist, bekommt er nach wiederholt vergeblichen Versuchen über die illegale, aber bisher geduldete Arbeitsvermittlungsstelle, Arbeit für fünf Tage hintereinander. Er muss für einen „gabacho" (vgl. S. 63 in dieser Interpretationshilfe) zusammen mit einem weiteren Mexikaner Gestrüpp in einem Teil des Canyons roden, in dem gerade ein neues Villenviertel fertig geworden ist. Jeden Nachmittag wird er von seinem Boss bar bezahlt. Am fünften Tag bekommen die beiden Mexikaner kein Geld. Ihr Chef behauptet, er habe gerade kein Bargeld, und vertröstet sie auf den nächsten Tag. Aber Cándidos „Arbeitgeber" taucht nicht mehr auf und der Mexikaner ist um die Arbeit eines ganzen Tages betrogen. Danach bekommt er keinen Job mehr. Jeden Nachmittag kommt er deprimiert, „dejected and heartsick with worry" (S. 196) zu seiner Lebensgefährtin América zurück. Aus Sorge wird Langeweile, aus Langeweile wird Wut, die bisweilen so in ihm rast, dass er sich durch alle möglichen Arbeiten abreagiert. Betrübt denkt er an die schon verdienten 320 Dollar, die er noch verdreifachen muss, um seiner Frau und seinem Sohn, der bald geboren wird, ein annehmbares Zuhause bieten zu können.

Eines Tages, gestärkt durch den Genuss gebratener Singvögel, macht er sich wieder auf den Weg zur Arbeitsvermittlung oben auf dem Hügel: „feeling optimistic, lucky even, the wings of the little birds soaring in his veins" (S. 197). Der Sarkasmus des Autors ist deutlich spürbar, denn der Optimismus, der aus den gebratenen Flügeln der kleinen Vögel in seine Adern strömt, hält nicht lange vor. Aus Gewohnheit hält Cándido schnell wieder unterwürfig den Kopf gesenkt, während er die Straße entlang geht, um den Amerikanern, die in ihren makellosen Autos vorbeifahren, nicht in die Augen sehen zu müssen: "To them he was invisible, and that was the way he wanted to keep it, [...]." (S. 197). Er weiß, dass er für die weißen Amerikaner nicht existiert, „unsichtbar" ist, eine unbedeutende Figur. Es ist diese offensichtliche und wohl auch gewollte Kontaktlosigkeit zweier Ethnien und Gesellschaftsschichten, der Wille, den je anderen in seinem inneren Wesen nicht zur Kenntnis zu nehmen, die der Autor hier anspricht. Dem Mexikaner ist die Lebensweise der Weißen, „the tumult in the lot at the Chinese grocery", „the sweet buns, coffee in styrofoam cups, frantic cigarettes" (S. 197) fremd, wobei die Wörter „tumult", „styrofoam" (Styropor) und „frantic" (hektisch, nervös) die aufgeregte Künstlichkeit der Szene besonders betonen.

Oben bei der Arbeitsvermittlung angekommen, blickt Cándido zuerst erleichtert auf und ist dann wie vom Donner gerührt. Ein Hurrikan scheint das Versammlungsgebäude in die Luft gerissen zu haben. Nach einer Weile sieht er zwei Absperrketten und an Pfosten genagelte Schilder mit den Aufschriften „PRIVATE. ALL PERSONS WARNED AGAINST TRESSPASS."

(S. 198). Offenbar waren die Amerikaner es müde geworden, so viele arme Leute in ihrer Mitte zu haben. Cándido trifft weitere mexikanische Arbeiter, die so ratlos sind wie er. Der eine will hier weiter warten, bis ihn jemand einstellt:

"[...] *it's a free country, isn't it?*" – "*Sure*", Cándido said, and the way he was feeling he couldn't hold back the sarcasm, – as long as you're a gringo. But us, we better look out. (S. 198)

Das Recht auf Leben, Freiheit und Glück gilt aus Cándidos Sicht nur für weiße Amerikaner (vgl. S. 59 in dieser Interpretationshilfe). Daher der sarkastische Unterton und der Zwang, ständig aufpassen und auf der Hut sein zu müssen. "To risk everything for the basic human necessities." (S. 200) bedeutet mörderischer Konkurrenzkampf (und somit ständige Angst um das eigene Leben) innerhalb der eigenen Ethnie und gleichzeitig ständiger Kampf gegen die andere, die weiße Ethnie, gegen die kalifornische Grenzpolizei, die sie ausweist, wenn sie ihrer habhaft wird, gegen die weißen US-Bürger, die sich durch ihre Anwesenheit bedroht fühlen, und gegen die weißen Arbeitgeber, die sie unbarmherzig ausnutzen. Als Candelario Pérez, der Leiter der „Arbeitsvermittlung", in seinem Kleinlastwagen auftaucht, sagt er den Mexikanern, dass der Mann, der das Grundstück für die Versammlungsstelle zur Verfügung gestellt hat, seine Erlaubnis zurückgezogen hat. Er rät ihnen dringend zu verschwinden, weil mit Razzien der „Migra" (mexikanisch für die US-Grenzbehörden und Patrouillen) zu rechnen sei. Cándidos Gesicht verzieht sich schmerzhaft. Denn die Folgen für ihn und seine schwangere „Frau" América kommen einer Katastrophe gleich. Um nicht in ihrem Lager zu verhungern, sind sie gezwungen, in die große Stadt zu gehen. Ohne Geld müssen sie als Obdachlose auf der Straße vegetieren, wo – das ist Cándidos größte Sorge – América der „obscenity of the handout, the filth, the dumpsters out back of the supermarkets" (S. 199) ausgeliefert ist. Es ist eine Obszönität, die für den stolzen Mexikaner kaum zu ertragen ist und die – wie er befürchtet – zu einer Entfremdung zwischen ihm, dem „broken-down father who couldn't feed himself, let alone his family" (S. 200) und seiner Frau führen kann. Die Frustration Cándidos ist umso größer, als sie so kurz vor dem Ziel waren. Noch zwei Wochen regelmäßige Arbeit und das Paar hätte sich ein bescheidenes Dach über dem Kopf leisten können und – gewaschen und neu eingekleidet – fast wie normale Menschen auf die Suche nach Arbeit gehen können. Sie hätten auch Arbeit in den anonymen „sweatshops", den Ausbeuterbetrieben der Hinterhöfe, angenommen, in denen Menschen unter den schlimmsten Bedingungen für einen minimalen Lohn arbeiten müssen und in denen sich niemand darum kümmert, ob man gültige Arbeitspapiere hat. In zwei Jahren hätten sie eine „green card", eine Arbeitserlaubnis für Ausländer in den USA, beantragen können und vielleicht hätte es ja auch bald wieder eine Amnestie für die Illegalen gegeben (vgl. S. 199 f.).

Menschenunwürdige Arbeitsbedingungen in „sweatshops", den Ausbeuterbetrieben der Hinterhöfe, unregelmäßige Niedriglöhne, Rechtlosigkeit, Missachtung durch die weißen Amerikaner, all das ist für die Rincóns dennoch die Vorstufe zum „Paradies", zu ihrem „American Dream", zumal die relative Sicherheit in der abgeschiedenen Misere des Canyons jetzt nicht mehr vorhanden ist. "Now there was no more safe haven, no more camp in the woods. Now it was the streets." (S. 199). Das von Boyle ironisch-sarkastisch eingefügte „safe haven", ein gefahrloser Ort, an dem man sicher leben kann, erinnert den Leser an die Verwüstung und Zerstörung dieser „sicheren Zufluchtsstätte" durch weiße Halbstarke (vgl. S. 60 f., S. 89) und auch an die brutale Vergewaltigung Américas (vgl. S. 81 f., S. 141 f.) durch einen ihrer Landsleute.

Cándido empfindet die plötzliche Ballung von bösen Nachrichten als eine Last, die ihn fast erdrückt und an Selbstmord denken lässt.

84 | Textanalyse und Interpretation

Mexikaner auf der Straße

Nach Mexiko, einem Land mit 40 % Arbeitslosen, deren Zahl sich jährlich um eine Million erhöht, einem korrupten bankrotten Land, in dem die Bauern aus Wut über die Inflation die Ernte verbrennen und nur die Reichen genug zu essen haben, kann er nicht zurück (vgl. S. 199/200). Seiner Tante würde er nur auf der Tasche liegen. Auch zu Américas Eltern kann er nicht zurück – schließlich müsste er ihnen die unverheiratete Tochter zurückbringen, erschöpft, halb verhungert, krank und mit einem Kind, seinem Sohn, dem er, der am Boden zerstörte Vater, nichts vererben kann. Als er taumelnd am Postamt und den Schaufenstern vorbeigeht, sieht er die Autos „linked up like the ciphers of the wealth that bloomed all around, unattainable as the moon" (S. 200). Es sind die in Blech, Stahl und Plastik gegossenen Statussymbole der weißen Wohlstandsgesellschaft, die sein Gehirn zermartern. Eines dieser Symbole, der schicke Wagen Delaney Mossbachers, hätte ihn fast ums Leben gebracht. Langsam steigt eine kalte Wut in Cándido empor. Seine fast angeborene Unterwürfigkeit ist plötzlich verschwunden und er wendet sich – zumindest in Gedanken – gegen die, die ihm das Recht auf Arbeit und ein menschenwürdiges Leben verweigern:

> It stank. It did. These people, these norteamericanos: what gave them the right to all the riches of the world?" (S. 200)

Er sieht sie vor sich, die weißen „gringos" und „gringas":

> white faces, high heels, business suits, the greedy eyes and ravenous mouths.They lived in their glass palaces, with their gates and fences and security systems, they left half-eaten lobsters and beefsteaks on their plates when the rest of the world was starving, spent enough to feed and clothe a whole country on their exercise equipment, their swimming pools and tennis courts and jogging shoes, and all of them, even the poorest, had two cars. Where was the justice in that? (S. 200)

Aus der Sicht Cándidos verkörpert die Überfluss- und Wegwerfgesellschaft des reichen weißen Amerikas Ungerechtigkeit und Unmoral. Boyle benutzt seinen mexikanischen Helden ganz deutlich als „mouthpiece", als Sprachrohr, seiner Kritik.

Dennoch bleibt die Perspektive Cándidos, der fremde unverstellte Blick des Unterprivilegierten aus der „Dritten Welt" auf die *norteamericanos,* authentisch.

Als Cándido gerade wieder einmal ans Sterben denkt, aus lauter Frustration und Wut, sieht er auf seiner zweiten Runde um den Platz einen blauschwarzen Toyota Lexus, der am Straßenrand mit heruntergelassenen Fenstern geparkt ist. Er sieht die schicke Damenhandtasche, die Aktenmappe und die kleine Brieftasche daneben auf dem Sitz und denkt an die Hausschlüssel, die Schecks, das Bargeld darin – genug, um seine Probleme auf einen Schlag zu lösen:

> To the owner of a car like that a few 100 dollars was nothing, like pennies to an ordinary person. [...], But to Cándido it was the world, and in that moment he figured the world owed him something. [...]. The blood was like fire in his veins. He thought

his head would explode with the pressures in his temples. <u>There it is, you idiot, he told himself, take it. Take it now. Quick!</u>
(S. 201)

Cándidos Empörung über die Ungerechtigkeit einer Welt, die den Armen etwas schuldet, geht vorüber. Er zögert. Außerdem kommt eine hochgewachsene Frau, „the woman with the pale blond hair" (S. 201) geradewegs auf ihn zu. Ihr starrer Blick, der durch ihn hindurch zu gehen scheint, lässt den Mexikaner innehalten. Wie gelähmt steht er vor ihrem Auto. Die Absätze ihrer eleganten Stöckelschuhe klicken auf dem Pflaster, „her skirt as tight as any whore's" (S. 201). Cándido spürt, dass es sich um eine jener großen schlanken Blondinen mit den kurzen engen Röcken handelt, die ein rechtschaffener katholischer Mexikaner automatisch mit einer gutsituierten Prostituierten in Verbindung bringt. Sie ist den verarmten Cándidos und Pepes dieser Welt genauso „unattainable as the moon" (S. 200) wie die großen Luxusautos, die sie fahren.

Bevor Cándido sich unsichtbar machen, seine Unschuld beteuern kann, fühlt er, wie ihre „white, white hand" (S. 201) die seine berührt und seine Finger sich unwillkürlich über den Münzen schließen, die auf seine Handfläche gleiten. Durch die Wiederholung des Adjektivs „white" wird die Hand der weißen Frau als **pars pro toto**, Teil für das Ganze, besonders betont und somit ihre Person hervorgehoben. Es handelt sich, was Cándido hier noch nicht weiß, um Kyra Mossbacher, die Frau seines späteren Todfeindes, die mit ihren Beziehungen dafür gesorgt hat, dass die illegale Arbeitsvermittlungsstelle aufgelöst wurde und somit die Lebenschancen des Mexikaners vernichtet hat. Welche fatale Fremdheit und Distanziertheit in dieser kurzen Berührung Cándidos durch Kyra steckt, welche lässige und zugleich tödliche Verachtung auf Seiten der Frau und welche brennende und zugleich tödliche Scham auf Seiten des Mexikaners, zeigt folgender Abschnitt:

Her touch annihilated him. [Hervorhebung des Verfassers dieser Interpretationshilfe] *He'd never been more ashamed in his life, not when he was drunk in the streets, not when Téofilo Aguadulce took his wife [Resurrección, die Schwester Américas] from him and threw him down in the square with the whole village looking on. He hung his head. Let his arms drop to his sides. He stood rooted to the spot for what seemed like hours after she'd ducked into the car, backed out of the lot and vanished, and only then did he open his hand on the two quarters and the dime that clung there as if they'd been seared into the flesh.* (S. 202)

Es ist eine Berührung, die zu den schlimmsten Momenten seines Lebens gehört. Sie ist vernichtend für ihn, weil er, der doch eigentlich ehrlich und anständig ist, eine reiche elegante Dame, die für das erfolgreiche weiße Amerika steht, bestehlen wollte. Diese Frau hält ihn durch ihr resolutes Auftreten nicht nur vom Stehlen ab, sondern vergilt ihm den beabsichtigten Diebstahl auch noch mit ein paar Münzen, einem beschämenden Almosen, welches das Selbstbewusstsein des stolzen Mexikaners endgültig zerstört. Wieder lässt er, wie schon so oft, den Kopf und die Arme hängen, steht versteinert da. Die Scham und die Erniedrigung, die mit den Münzen verbunden sind, brennen sich in seine Hand.

Diese flüchtige Berührung der Hände, die Überreichung des Schweigegeldes an Cándido durch Delaney nach dem ersten Autounfall (vgl. S. 9) und die finale Geste am Ende des Romans – Cándido ergreift die Hand des im Schlamm ertrinkenden Delaney – sind die einzigen körperlichen Kontakte zwischen dem mexikanischen und dem nordamerikanischen Paar. Erst in dieser letzten Geste der rettenden Hand Cándidos, einem Akt christlicher Nächstenliebe, deutet Boyle an, dass es etwas anders als Missverständnis, Kälte, Distanz und Feindschaft zwischen den beiden Ethnien geben könnte. (vgl S. 355 *The Tortilla Curtain* und S. 56 in dieser Interpretationshilfe).

Im Gegensatz zu Cándido ist América erleichtert, dass ihr Gefährte keine Arbeit mehr gefunden hat und sie gezwungen sind, den unsicheren Canyon zu verlassen und ihr Glück auf den Straßen von Los Angeles zu suchen:

> *Cándido was bitter, angry, ready to erupt. He was worried, too, she could see that [...] [but] there was no choice now, no doubt but that they were going to leave this prison of trees, this dirt heap where she'd been robbed and hurt and brutalized [...].* (S. 202)

Sie verdrängt den Schmutz und die Gefährlichkeit der Millionenstadt und träumt wieder von Läden, Alleen, fließendem Wasser und Toiletten (vgl. S. 202). Als Cándido die Entscheidung zu gehen mit „not yet" hinauszögern will, ist sie kurz davor, ihn anzuschreien. Das Beharren Américas auf „ihrem" Traum verstärkt ihre – zuerst kaum spürbare – Entfremdung von ihrem Lebensgefährten:

> *She controlled herself, sat there in the sand hunched over the novela she'd read so many times [...] and waited. He was like her father, just like him: immovable, stubborn, the big boss. There was no use in arguing.* (S. 203)

Während América sich begeistert die Schaufenster und die schönen Häuser der großen Stadt anschaut, bleibt Cándido stumm: "He was troubled, worried sick, she knew it, but she couldn't help herself. Oh look at that one! And that!" (S. 207).

Nach einem langen ermüdenden Marsch durch die Stadt bietet ihnen ein Mann, der ein näselndes nordamerikanisches Spanisch spricht, eine billige Unterkunft, angeblich bei seiner Tante, an. Cándido folgt ihm, um sich die Wohnung anzuschauen. "'You wait here,' Cándido said, and she watched him limp up the street with the stranger in the hairnet and baggy trousers [...] his stride quick and anxious [bemüht, nervös] [...]." (S. 210).

Der Leidensweg der beiden „Toren" aus Mexiko ist offenbar noch nicht zu Ende.

T. C. Boyle hat auf beeindruckende Weise die ausweglose Situation und die verzweifelte psychische Verfassung des mexikanischen Paars dargestellt. Gegen alle „political correctness", d.h. gegen alle Versuche progressiver, liberaler Gruppen in den USA, die Bevölkerung dazu zu bewegen, Äußerungen und Handlungsweisen gegenüber Minderheiten, anderen Ethnien, dem anderen Geschlecht etc. zu unterlassen, die diskriminierend sind oder, auch nur sein könnten – hat der Autor sich das Recht genommen, uns ihm eigentlich „fremde" literarische Figuren in einer tiefen existentiellen Krise zu präsentieren. Dabei wird nicht einseitig die Sicht einer bestimmten Ethnie oder Schicht vertreten, sondern die Welt aus der Perspektive von Menschen geschildert, die in tiefer materieller und seelischer Not sind. Aus der realistischen Darstellung der ökonomischen, sozialen und psychischen Notlage dieser einfachen Menschen, die Menschenrechte von vornherein verwirkt zu haben scheinen, gelangt er zur Darstellung von komplex gezeichneten Individuen (vgl. S. 74/75 in dieser Interpretationshilfe). Das Tragische an den hier vorgestellten Szenen ist, dass die Protagonisten und Antagonisten einander nicht wirklich als Menschen sehen, weil sie, obwohl sie sich physisch wahrnehmen, separat voneinander leben, denken und fühlen, als Vertreter der je anderen Ethnie, Schicht und Kultur. Aber die offensichtliche innere Beziehungslosigkeit der Individuen betrifft nicht nur das Verhältnis von Mexikanern und Nordamerikanern, sondern, wie oben dargelegt, auch das der Mexikaner untereinander und, wie wir noch sehen werden, auch das der Weißen zueinander. Es ist diese Grundbefindlichkeit des Romans, auf der alles andere – die Angst, die Frustrationen, der gegenseitige Hass, der tägliche Rassismus und die nicht gelösten sozialpolitischen und ökonomischen Konflikte – basiert.

Von der „offenen" zur „geschlossenen" Gesellschaft

Interpretation von Teil 1, Kapitel 3, S. 41–47; Kapitel 7, S. 100– 104; Teil 2, Kapitel 3, S. 184–193; Kapitel 6, S. 218–220 und Teil 2, Kapitel 8, S. 242–245

Jack Jardine, der Vorsitzende der Arroyo Blanco Eigentümergesellschaft, hat zu einer Versammlung in das Gemeindezentrum eingeladen. Es ist der Tag der Abstimmung im Gemeindezentrum über das bewachte Tor, das den Haupteingang der Zufahrtsstraße zum Wohnpark Arroyo Blanco blockieren und Verbrecher und zwielichtiges Gesindel fernhalten soll. Delaney ist tief enttäuscht von seinen Nachbarn, die, anstatt sich mit Natur und Umwelt zu beschäftigen, nur noch an die Abstimmung denken. Er hält das Tor für eine Absurdität, ausgrenzend und antidemokratisch, spürt aber gleichzeitig, dass das Ganze ein „fait accompli" (S. 41), eine vollendete Tatsache, ist:

> *His neighbours were overwhelmingly for it, whipped into a reactionary frenzy by the newspapers and the eyewitness news [...] The gate was going up and there was nothing Delaney could do about it. But he was here. Uncomfortably here.* (S. 41)

Aufgrund der durch die Medien noch zusätzlich aufgeputschten reaktionären Stimmung der Versammlung – Boyle gebraucht das Bild des Auf- und Einpeitschens, „whipped into", und den Ausdruck „frenzy" im Sinne eines unkontrollierten Gefühlstaumels – sieht sich der liberale Demokrat, für den Zäune und Tore die Freiheit zerstören, als frustrierter Vertreter einer machtlosen Minorität:

> *For the rest of his days he'd have to feel like a criminal driving in his own community, excusing himself to some jerk [Trottel] in a crypto-fascist uniform, making special arrangements every time a friend visited [...].* (S. 41)

Das Attribut „crypto-fascist", unterschwellig faschistisch [hier: undemokratisch, auf rigider Kontrolle bestehend], weist auf die Notwendigkeit hin, sich bei jeder Einfahrt in sein Wohngebiet bei einem uniformierten bewaffneten Wächter auszuweisen und kontrollieren lassen zu müssen und ist der erste Schritt zu einer geschlossenen Gesellschaft. Als geschlossene Gesellschaft im Kontext des Romans soll eine antidemokratische, sich nach außen abschottende Gruppe von Menschen verstanden werden, die kulturellen und ethnischen Pluralismus ablehnt. Sie steht im Gegensatz zur offenen, pluralen, demokratisch verfassten Gesellschaft, in der Meinungs- und Versammlungsfreiheit herrscht und alle Ethnien gleichberechtigt nebeneinander leben können. Der immer weiter voranschreitende negative Wandlungsprozess der Bewohner von Arroyo Blanco beruht z. T. allerdings auch auf den bösen Erfahrungen der Einwohner des Nobelviertels. Wenn sich, wie Jim Shirley berichtet, Einbrüche und der Diebstahl von Autos und wertvollen Gegenstände häufen (vgl. S. 42, 43), dann können einstmals liberale Ansichten offenbar keinen Bestand haben. Jack Cherryton, der erfolgreiche Produzent von Filmtrailern in Hollywood, verkündet dies offen:

"I'm as liberal as anybody in this room […] but I say we've got to put an end to this. […] I'd like to open my arms to everybody in the world, no matter how poor they are or what country they come from; I'd like to leave my back door open and the screen door unlatched, […] but you know as well as I do that those days are past." He shook his head sadly. "L. A. stinks. The world stinks. Why kid ourselves? […] I say that gate is as necessary, as vital, essential and un-do-withoutable [unverzichtbar, unabdingbar notwendig] *as the roofs over our heads […]."*
(S. 44)

Freiheit kommt in dieser Rede nur noch als traurige Erinnerung vor und hat keinen realen Stellenwert mehr, weder für die, die sich „einmauern", noch für die, die draußen bleiben müssen. Tore sind angesichts des „stinkenden gefährlichen Molochs" Los Angeles – und Los Angeles steht in diesem Sinne exemplarisch für die Welt – überlebensnotwendig.

Auch Jack Jardine hält das Tor für notwendig. Delaney hält es nach wie vor für unnötig und undemokratisch: „locking yourself away from the rest of society, how can you justify that?" (S. 101). Jardine geht über Delaneys vorwurfsvolle rhetorische Frage hinweg und kontert sofort mit den Schlagworten:

> *Safety. Self-protection. Prudence. You lock your car, don't you? Your front door? [...] Delaney, [...] I know how you feel. [...] but this society isn't what it was – and won't be until we get control of the borders.* (S. 101)

Dem Vorwurf Delaneys, dies sei rassistisch, begegnet Jardine mit dem Argument, dass es „a question of national sovereignty" (S. 101) sei angesichts der Tatsache, dass die USA letztes Jahr[15] mehr Immigranten aufgenommen habe als alle anderen Länder der Erde zusammen und die Hälfte davon in Kalifornien. In der Tat lässt dies den Vorwurf des Rassismus in einem etwas anderen Licht erscheinen, zumal die Mexikaner, die den „Tortilla Curtain" illegal überqueren, ohne Ausbildung sind. Ungelernte Kräfte werden angesichts der fortschreitenden Automatisierung immer weniger gebraucht (vgl. S. 101). Delaneys Entgegnung: "Immigrants are the lifeblood of this country – we're a nation of immigrants – and neither of us would be standing here if it wasn't." (S. 101) mag zwar der historischen Realität entsprechen, wird von Jack jedoch sogleich als „cliché", als nicht mehr gültiger Allgemeinplatz, abqualifiziert.

"There's a point of saturation." (S. 101). Dieser Sättigungspunkt, die Zahl der Einwanderer betreffend, ist gleichzeitig auch der Wendepunkt in der Einschätzung der ökonomischen und sozialpolitischen Situation durch die ethnozentrische weiße Bevölkerung Arroyo Blancos. Nicht zu Unrecht, so scheint es, weist Jack Jardine darauf hin, dass die Illegalen in San Diego zwar mit 70 Millionen Dollar zum Steueraufkommen beitragen, jedoch gleichzeitig 240 Millionen an sozialen Leistungen in Anspruch nehmen (vgl. S. 102). Hinzu komme die steigende Verbrechensrate der Einwanderer.

Delaney kann diesen Argumenten immer weniger entgegensetzen. Er hat nicht mehr die Kraft, die Argumente, die ihm durch den Kopf gehen, zu artikulieren: jeder muss eine Chance haben; auch die Mexikaner werden sich wie die Polen, Italiener, Deutschen assimilieren; die weißen Amerikaner haben Kalifornien ohnehin den Mexikanern gestohlen (vgl. S. 102). Jack spürt den schwindenden Widerstand seines Freundes und bringt noch einmal das Argument der Grenze ins Spiel, das dieser zu Beginn des Gesprächs als „rassistisch" bezeichnet hatte:

Listen Delaney, I know how you feel, […] it's nothing less than rethinking your whole life, who you are and what you believe in. And trust me: when we get control of the border again – if *we get control of it* – *I'll be the first to advocate taking that gate down.* (S. 103)

Was hier vorgeschlagen wird, ist im Grunde eine sinnvolle effektive Beschränkung der Zahl der Einwanderer, um das ökonomische und soziale System Kaliforniens wieder ins Lot zu bringen. Am Ende gibt Delaney nach: "I don't like the gate – I'll never like it – but I accept it. None of us want urban crime up here – that'd be crazy." (S. 104). Er sieht die Notwendigkeit, dem Verbrechen der Großstadt den Zugang zu seinem Wohnviertel zu versperren, aber er ist im Grunde resigniert und frustriert. Sein Freund und Nachbar Jack Jardine hat es psychologisch richtig gedeutet als Zwang, seine liberalen Grundsätze, seine Wertewelt neu zu strukturieren.

Inzwischen wird der Druck auf die Bewohner von Arroyo Blanco, sich selbst zu schützen, immer stärker. Mehrfach sind als Gartenarbeiter getarnte Einbrecher in ihren Pickups vom Wachmann durch das Tor gelassen worden. Zuvor hatten sie bei den jeweiligen Familien angerufen, um sicher zu gehen, dass sie nicht zu Hause waren. Hier, so Jim Shirley auf einer Dinnerparty bei Dominick Flood, helfe nur eine Telefongeheimnummer. Auch der Fall Sunny di Mandia wird erwähnt, die ihre Hintertür offen ließ, da sie sich sicher fühlte und von Einbrechern beraubt und vergewaltigt wurde (vgl. S. 189/190). Diese Ereignisse sind die reichen Bürger nicht bereit hinzunehmen. So kippt die Stimmung endgültig. Delaneys sarkastisch-ironisch gemeinter Einwurf: "So what do you mean, Jack? Isn't the gate enough? Next thing you'll want to wall the whole place in like a medieval city or something" (S. 189) erweist sich sehr bald als Tatsache. Zwar sind die Zweifel Delaneys, die aus seiner Offenheit resultieren, immer noch vorhanden:

But where were these people supposed to go? Back to Mexico? Delaney doubted it, knowing what he did about migratory animal species and how one population responded to being displaced by another. It made for war, for violence and killing, until one group had decimated the other and re-established its claim to the prime hunting, breeding or grazing grounds. It was a sad fact, but true. (S. 193)

Sie werden hier aber überlagert von darwinistisch-biologischen Erklärungsversuchen, die den territorialen Verdrängungskrieg zweier feindlicher Ethnien beschreiben. Ob solche Erklärungsmuster, die dem resignierenden Delaney kurzfristig aus seiner Erklärungsnot helfen, die weltweiten menschlichen Migrationsbewegungen und deren soziale, politische und ökonomische Konsequenzen hinreichend erklären können, sei dahingestellt. Zur Lösung von Konflikten im demokratischen Sinne tragen sie sicherlich nicht bei.[16] Aber was soll man gegen die paranoiden [von Wahnideen beherrscht] Mauerbauer und Ausgrenzer, zu denen man sich doch zugehörig fühlt (vgl. S. 193) tun. Delaney reduziert Stück für Stück seine eigene Persönlichkeit als liberaler Demokrat und Ökologe. Das soziale Umfeld verwehrt ihm systematisch die Erfüllung seiner ursprünglich für richtig gehaltenen Ziele und drängt ihn weg von einer natürlichen verantwortungsvollen Lebensauffassung, die auch das Existenzrecht der illegalen Einwanderer anerkennt.

Der Bau der Mauer vollzieht sich, ohne dass Delaney konkret etwas dagegen unternimmt. Jack Jardine überzeugt Delaneys Frau Kyra geschickt davon, dass sie nötig ist, um einen Schutz gegen die Kojoten zu haben (vgl. S. 218 f.). Die in Form einer Anapher vorgetragenen Argumente ihres Ehemanns: "This isn't about coyotes [...]. *It's about* [Hervorhebung durch den Verfasser dieser Interpretationshilfe] Mexicans, *it's about* blacks. *It's about* exclusion, division, hate [...]." (S. 220) überzeugen sie nicht, da sie sich in ihrer irrationalen Angsthaltung so verrannt hat, dass sie ihr Grundstück eher platt walzen und zubetonieren lassen würde, als einen weiteren Kojoten auf ihrem Grundstück sehen zu müssen. Außerdem befürchtet sie, dass die Kojoten Kinder anfallen (vgl. S. 220/221). Nach diesem Ausbruch verbietet Delaney seiner Frau, weiter organisatorisch am Bau der Mauer mitzuwirken. Damit hat „Krieg" in seinem Schlaf- und Wohnzimmer begonnen:

[But] she defied him. Then she took over the living room, put on her relaxation tapes and buried herself in her work. That night she slept on Jordan's bedroom, and the next night too. (S. 221)

Natürlich ist die Argumentation Delaneys angemessener als die von paranoider Angst getragenen Befürchtungen seiner Frau, denn Rassenhass, Ausgrenzung und Trennung der verschiedenfarbigen Menschen voneinander tragen nicht zum sozialen Frieden bei. Erst als etwa 90 % der Mauer fertig gestellt sind, wird Delaney voll bewusst, dass er nichts dagegen getan hat (vgl. S. 242). Die ganze Paradoxie der Baumaßnahme wird ihm klar, als er die mexikanischen Tagelöhner, die die Mauer bauen, über das Seitentor des Zauns auf sein Grundstück lässt. Sie errichten ein Bauwerk, das gegen sie selbst gerichtet ist:

> *Delaney didn't know what to do. For a while he stood there at the gate as if welcoming them [...]. But then he began to feel self-conscious* [befangen, gehemmt], *out of place* [fehl am Platz], *as if he was trespassing on his own property.* (S. 243)

Delaney, ein sensibler Angloamerikaner fühlt sich nicht nur unsicher, sondern leidet an der von seiner eigenen Ethnie befohlenen Einmauerung wie ein Hund und sieht sich auf seinem eigenen Grundstück fast selbst als feindlichen Eindringling. Er ist benommen, unfähig sich zu konzentrieren. Langsam wird ihm bewusst, dass der Zaun, die Mauer und das Tor die Wohnanlage zu einem geschlossenen System gemacht haben, welches ohne umständliche Kontrollen weder jemanden herein- noch herauslässt. Paradoxerweise ist es damit auch gegen die gerichtet, zu deren Schutz es geschaffen wurde. Erst die Trittleiter, die Kyra als physische und psychische Krücke für ihren Mann gekauft hat, holt Delaney aus seiner Benommenheit heraus. Mit ihrer Hilfe gelangt er, wenn auch etwas umständlich, wieder direkt in die „freie Natur":

> *If the wall had to be there [...] then he'd have to get used to it [...] and it came to him that the wall might not be as bad as he'd thought, if he could get over the bruise to his self-esteem.* (S. 245)

Dass er über die Verletzung seiner Selbstachtung so ohne weiteres hinwegkommen kann, ist, wie sich später herausstellen wird, nur ein frommer Wunsch. Denn man kann sich nicht ständig selbst einsperren, ohne Schaden an seiner Psyche zu nehmen. Die erlittene Schmach wird die geschundene Seele irgendwann kompensieren müssen.

Fremdenfeindlichkeit und Lynchjustiz

Interpretation von Teil 3, Kapitel 3, S. 284 – 290

Da das im Canyon ausgebrochene Feuer die gesamte Wohnanlage Arroyo Blanco zu vernichten droht, sind die Bewohner evakuiert worden und befinden sich mit ihren vollbeladenen Autos am oberen Punkt der Felsschlucht. Wasserbomber, Feuerwehrwagen, Absperrbänder, rotierende Warnlichter und eine Menge Polizei vermitteln den Eindruck, als herrsche Krieg. Die wohlhabenden weißen Bürger hatten es geschafft, ihr Nobelviertel durch Mauern, Tore und Zäune gegen Kojoten und fremde Menschen zu sichern. Jetzt müssen sie dennoch fürchten, ihren gesamten Besitz und sogar ihr eigenes Leben zu verlieren.

Delaneys Frau Kyra ist verzweifelt, da das Feuer wertvolle Immobilien, die sie betreut, zerstören könnte. Delaneys ironisch gemeinten Scherz über den Truthahn in ihrem Ofen, der wohl etwas trocken geworden sei, versteht sie nicht, weil sie in dem Augenblick Angst hat, alles zu verlieren:

It's no joke, Delaney. Two of my listings [hier: Immobilien] *went up in the Malibu fire last year […] [and] that's our house down there. That's everything we own.* (S. 285)

Aber auch Delaney gesteht ihr seine Verzweiflung und seine Angst und fügt hinzu: "We never had anything like this in New York." (S. 285). Kyra kontert diesen versteckten Vorwurf mit dem bitteren Kommentar: "Maybe you should have stayed there, then." (S. 285). Delaney fühlt sich plötzlich als Sündenbock, „he felt put apon [ausgenutzt] and misunderstood, felt angry, pissed off [Slang: stocksauer], rubbed raw [eigentlich wund gerieben; gereizt]" (S. 285). Er, der sein Bestes gegeben hat, um die drohende Katastrophe abzuwenden, steht da, "[…] the wind in his face and his entire cranial cavity filled with smoke, angry at the world – What next? He was thinking, what more could they do to him?" (S. 285/286). Der Rauch, der Delaneys Kopf ausfüllt, verstärkt seine Enttäuschung, seine

Angst und seine Frustrationen. Der Unfall mit Cándido hat ihn aus der Bahn geworfen, der Diebstahl seines Autos, der wieder durch Cándido ausgelöste Unfall, die erfolglose Suche nach den Graffitischmierern, die Verwandlung seiner Heimat in eine Festung, der Verlust seiner Hunde und das Verschwinden der Katze, die gefährlichen Begegnungen, die er und seine Frau mit den beiden Mexikanern hatten und die Brandkatastrophe, die auf Arroyo Blanco zukommt und deren Verursacher er dingfest machen will – all diese Ereignisse haben Delaney zermürbt. Er ist an einem Punkt angekommen, wo diese Reihe von unglücklichen Situationen und die damit verbundenen Frustrationen plötzlich in Aggression und Gewalt umschlagen können. Verbale und körperliche Aggression entsteht als Reaktion auf Frustration, vor allem, wenn diese andauert oder sich frustrierende Situationen häufen. Zwar weiß man heute, dass nicht jede Frustration aggressives Verhalten zur Folge haben muss. Aber Frustrationen schaffen die Bereitschaft zu aggressiven Handlungen. So ist der eingeschworene Antialkoholiker Delaney gerade dabei, seine Enttäuschung und seine depressive Gereiztheit mit einem weiteren kräftigen Schluck Whiskey aus Jack Cherrytons Flasche hinunterzuspülen, als er zwei Männer aus dem Dunkeln die Straße heraufkommen sieht. Es sind José Navidad und sein mexikanischer Freund, „the scum that comes to the surface" (S. 286). In dem Moment, in dem er noch an den „menschlichen Abschaum" denkt, ein Ausdruck, für den er sich von nun an nicht mehr korrigieren wird, knurrt Jack schon „fucking wetbacks" (vgl. dazu S. 61–68 in dieser Interpretationshilfe). Dies ist ein Slangausdruck, der auch ohne das vorangestellte Adjektiv für einen Hispanic ebenso beleidigend ist, wie für einen Afroamerikaner der Ausdruck „nigger". Mit diesen beleidigenden Ausdrücken beginnt die verbale Aggression. Die Feinde, die Brandstifter, sind ausgemacht. Die Konfrontation ist nicht mehr zu vermeiden. Als er die beiden Mexikaner beobachtet, fühlt

Delaney "[…] as much pure hatred he'd ever felt in his life. What the hell did they think they were doing here anyway, starting fires in a tinderbox?" (S. 287). Durch den Gebrauch von Worten, die dem Gegenüber das Menschsein absprechen und den Hass, den er in seine Gegner hinein projiziert, hat Delaney einen gefährlichen Weg beschritten. Es ist für den ehemals liberalen Menschenfreund ein „point of no return" erreicht. So geht er mit Jack auf die beiden „Übeltäter" zu, um sie zu stoppen. Ein Polizist mexikanischer Abstammung beschäftigt sich schon mit den beiden Ankömmlingen. Delaney sagt ihm, er habe José Navidad unten im Canyon gesehen, genau dort, wo das Feuer ausgebrochen sei, obwohl er keine konkreten Belege für diese Aussage hat. Sein Ziel ist es, sofort einen Schuldigen zu finden. Die Adjektive „irate", „anxious", „excited beyond caring" (S. 287) drücken diesen kompromisslosen zornigen irrationalen Übereifer aus, der durch „the liquor burning in his veins" (S. 287) noch zusätzlich angestachelt wird. Zu allem Unglück hat der Polizist, der sich um die Angelegenheit kümmern will, das gleiche Gesicht wie José Navidads Kompagnon, „Aztecan eyes, iron cheekbones, the heavy moustache and white gleaming teeth" (S. 287), was wohl ein Grund dafür sein mag, dass er mit seinen boshaften Äußerungen zu seinen beiden ‚Landsleuten' nichts bewirkt (ebda.). Als Jack Cherryton mit seiner weittragenden, sonoren Stimme Delaneys Aussage unterstreicht, beginnen sich die Bürger von Arroyo Blanco um sie zu sammeln. Eine betrunkene Frau stammelt, auch sie wolle wissen, ob Brandstiftung im Spiel sei. Das Problem wird dann durch den zweiten weißen Polizisten vorläufig gelöst, der die beiden Mexikaner zu Boden wirft und ihnen Handschellen anlegt. "Delaney felt a thrill of triumph and hate – he couldn't suppress it." (S. 288). Die Worte, die ihm beim Anblick Josés durch den Kopf gehen, „the son of a bitch, the jerk, the arsonist" (S. 288) verstärken die unbewiesene Beschuldigung durch zwei grobe Beleidigungen (vgl. S. 61–68 in dieser Interpretationshilfe) und bereiten, obwohl nicht laut geäußert, den gewaltsamen Angriff Delaneys auf den Mexikaner vor. "It was all Delaney could do to keep from wading in [brutal in eine Gruppe von Menschen hineingehen, brutal eingreifen] and kicking him in the ribs." (S. 288). Als Delaney inmitten der aufgebrachten Menge Augenkontakt mit José aufnimmt, spürt er dieselbe Verachtung, denselben ätzenden Hass in seinem Blick wie an dem Tag der Konfrontation mit dem Mexikaner auf Jack Cherrytons Rasen, als José Flugzettel für Jack Jardine verteilte. "But this time Delaney didn't flinch, he didn't feel guilt or pity or even the slightest tug of common humanity." (S. 289). Er erwidert den unversöhnlichen Hass in seinem Blick im gleichen Maß. Beide wissen, dass sie sich als Todfeinde gegenüber stehen. In dem Moment, wo der blonde Polizist dabei ist, José herumzudrehen, um ihn abzuführen, spuckt dieser Delaney mitten ins Gesicht. Das Ausmaß an Verachtung, das sich in dieser Handlung ausdrückt, könnte größer nicht sein und erklärt den gewaltsamen Ausbruch Delaneys, der mit seinen Fäusten auf seinen Gegner einprügelt, während der Mexikaner nach ihm tritt, ihn beschimpft und mit dem Tode bedroht: "'Motherfucker!' the Mexican screamed […].'I kill you, I kill you, motherfucker!'" (S. 289) (vgl. S. 62 in dieser Interpretationshilfe). Nur mit Mühe kann Jack Cherryton seinen Freund Delaney von weiteren Angriffen abhalten: "'Fuck you!' Delaney roared, and Jack Cherryton had to hold him back." (S. 289). Mit diesen gewaltsamen aggressiven Ausbrüchen ist das Terrain für die letzte Phase bereitet, die Verwandlung ehrbarer Bürger eines noblen Villenviertels in eine unberechenbare Menschenmenge. Beleidigende Rufe, wie „spic" „arsonist", „wetbacks" häufen sich. Den beiden Polizisten gelingt es gerade noch, die „Schuldigen" hinter sich zu stoßen und so den Angriffen des Mobs zu entziehen. Nur die Drohung des blonden Polizisten, sie alle zu verhaften, hält den Mob von weiteren Aktionen ab. "We've got a situation here, don't you understand that, and you're just making it worse. Now back off, I mean it." (S. 289). Aber es dauert noch einen Moment, bis die Gefahr vorüber ist:

> *No one moved. The smoke lay on the air like poison, like doom. Delaney looked round at his neigbours, their <u>faces drained and white, fists clenched, ready to go anywhere, do anything</u>, seething with it, spoiling for it, <u>a mob</u>* [Hervorhebung des Verfassers dieser Interpretationshilfe]. *They were out here in the night, outside the walls, forced out of their shells, and there was nothing to restrain them.* (S. 289)

Es ist dem Polizisten zu verdanken, dass er die Situation richtig eingeschätzt hat und den Mob durch seine Drohung stoppen kann.

Das Wort *Mob* ist die verkürzte Form des lateinischen *mobile vulgus* in der Bedeutung „aufgewiegelte Volksmenge, Pöbel". Der Pöbel, zu dem die Einwohner von Arroyo Blanco geworden sind, steht kurz vor dem Lynchmord, d. h. er ist bereit, das Gesetz selbst in die Hand zu nehmen. Beim Lynchen ist der Mob Ankläger, Richter und Vollstrecker in einem, wobei die Schuld der Opfer sekundär und häufig nicht einmal nachgewiesen ist. Insofern sind die beiden festgenommenen Mexikaner Sündenböcke, die man für all das Schlechte, das einem widerfahren ist, verantwortlich machen kann. Unglücklicherweise gehören die „Schuldigen" der feindlichen Ethnie an, gegen die sich die zum unkontrollierbaren Pöbel Gewordenen in ihrem ummauerten Viertel abschotten wollten.

Auch die äußeren Bedingungen für einen Lynchmord sind vorhanden: Das heiße Wetter, die Hitze der lebens- und existenzbedrohenden Feuersbrunst und der Qualm haben die alkoholisierte Menge ängstlich, reizbar und bis zum Siedepunkt aggressiv gemacht. Obwohl die blutleeren weißen Gesichter der Menge auf eine gewisse Erschöpfung hindeuten, künden die geballten Fäuste jedoch gleichzeitig von der Bereitschaft, das Äußerste zu wagen, d.h. auch vor Mord nicht zurückzuschrecken.

Glücklicherweise dreht der Wind nach einer Weile und das Feuer verschont Arroyo Blanco. Auch der verkaterte und zerknirschte Delaney kommt langsam wieder zu sich und wird sich bewusst, dass er beinahe einen Aufruhr und einen Lynchmord hervorgerufen hat. Er erinnert sich an die Abtreibungsklinik in White Plains und die selbsternannten Wächter der Moral, die ihn und seine erste Frau Louise auf den Stufen beschimpft hatten, „faces twisted with rage and hate till they were barely human" (S. 290). Damals war er selbst in der Rolle des wehrlosen „schuldigen" Opfers, dem Hass und der Raserei der Abtreibungsgegner ausgeliefert. Jetzt ist er in der Rolle des irrationalen Hassers und Rassisten, der Menschen verfolgt, deren Schuld nicht bewiesen ist. Aber Delaneys Scham und Reue halten nicht lange an. Bei dem Wort „hiking" kommt wieder Empörung in ihm hoch und das beleidigende und herabsetzende „son of the bitch" für seinen Feind José Navidad schiebt sich in den Vordergrund und überlagert seine Gewissensbisse. Von den Ansichten und dem Habitus eines fortschrittlichen Humanisten ist nicht mehr viel übrig geblieben. Die Frage, ob er genauso gefühlt und reagiert hätte, wenn die beiden Wanderer, die die Straße heraufkamen, Weiße gewesen wären, ist rein rhetorisch.

Delaney ist einen langen, aber folgerichtigen Weg der Verwandlung gegangen. Sein Ziel, von dem er jetzt besessen ist, ist es, Cándido, den, wie er meint, Urheber all seines Unglücks, um jeden Preis zur Strecke zu bringen. Der Gewaltausbruch, der fast zum Mord geführt hat, hat ihn als kompromisslosen Jäger gezeigt, der keine moralischen Skrupel mehr kennt.

Reaktionen von Lesern und Kritikern

T. C. Boyle wurde in den USA wiederholt kritisiert, weil sein Werk nicht politisch korrekt sei. Hinter dem Begriff der „political correctness" verbirgt sich die Absicht progressiver Gruppen in den USA, die Bevölkerung zu einer politisch korrekten Sprech- und Handlungsweise zu erziehen. (zur Definition des Begriffs vgl. S. 89 in dieser Interpretationshilfe) So ist der Ausdruck „nigger", wenn er heute von Weißen benutzt wird, eindeutig rassistisch. Aber auch Wörter wie „negro, black, coloured" sollten im Hinblick auf „Afro-Americans" (so politisch korrekt) nicht benutzt werden. Das Gleiche gilt für „cripple" oder „crippled" für körperlich behinderte Menschen. Eine Konsequenz der „political correctness" kann aber auch sein, dass es schwieriger wird, sich spontan zu äußern oder, wie im Falle Boyles, es einem Schriftsteller untersagt wird, sich über eine bestimmte Gruppe von Menschen zu äußern, der er selbst nicht angehört. In einem Interview mit Schröder sagt der Autor:

> Yet it were the guardians of the political [sic!] correct who made the most asinine [„eselhaft", idiotisch] statement: that since I'm not a Mexican, I don't have the right to write about Mexicans. So I presume that since I'm not a woman, I can't write about women, since I'm not an old man, I can't write about old men. This is totally absurd. That's why I'm so much opposed to this ridiculous idea of what is politically correct [...].[17]

Boyle wurde nach der Veröffentlichung von *The Tortilla Curtain* praktisch von allen Seiten angegriffen. Die Konservativen warfen ihm im Gegensatz zu den Parteigängern der „political corectness" vor, mit den illegalen Mexikanern zu nachsichtig umzugehen. Eine ebenso große Zahl von Kritikern, so etwa Scott

Spencer von der New York Times, fragt: "Why are we being asked to follow the fates of characters for whom he [Boyle] feels such contempt?"[18] Damit meint Spencer wohl kaum Cándido und América, sondern, wie auch ansonsten wohlwollende Kritiker, die weitgehend negative Charakterisierung der weißen „Helden" des Romans, die als „not fully rounded" und „typified representatives of a superficial yuppie world" empfunden werden können.[19] Einige Kritiker gelangen am Ende sogar zu einem Verriss, wie z. B John Skow im Time Magazine: "The author, mistrusting his skill and the reader's acuteness, relentlessly flashes irony. [...] This is weak, obvious stuff, worth a raised eyebrow and a shrug."[20]

Aber es gibt auch eine Vielzahl von positiven bis begeisterten Leserreaktionen, wie die Recherchen in verschiedenen Suchmaschinen, Newsgroups und Verzeichnissen von Online-Rezensionen zeigen. Ein Leser schreibt in seiner Rezension von *The Tortilla Curtain*:

> *I don't see that writers should avoid unpleasant subjects, or that they should be politically correct on all sides [...]. T. C. Boyle may have written a novel with characters that might strike some as clichés or one-sided or whatever, but so did practically every other author worth reading.*

Eine Leserin aus Boulder, Colorado, USA, meint:

> *[that the novel] details the fear and racism that abounds in this country. This book was a required summer reading for a college course, and I was sceptical to read it, but when I picked it up and began to read it I loved it. A great read!*

Aus Carmel, Kalifornien, schreibt ein Rezensent: "Boyle is successful in illustrating just how ridiculous and out of touch with reality most of us really are." Auch Jenni aus Arizona findet *The Tortilla Curtain* „excellent", da der Roman „real life issues" zum Thema hat. Er beschreibe im Detail „the horribleness of poverty and prejudices that are oftentimes hidden from the public".

Während eines Aufenthaltes in Los Angeles: "I was able to confirm the reality in this book and was in shock of how others are treated." Ein Leser aus San Diego, Kalifornien, ist der Ansicht, er habe noch nie eine so genaue Schilderung des südkalifornischen Lebensstils gesehen wie in Boyles Roman. Vor allem die Beschreibung von Kyra und Delaney hätten ihn absolut fasziniert, "[…] there are millions of Delaneys and Kyras running rampant [auf die Menschen losgelassen] in Los Angeles." Max Polenz aus Berlin schreibt: "[…] I liked the novel and I think it might be important to use the book as standard literature in schools in industrial nations, it might change people's minds."[21]

Wenn man solche Leserkommentare Revue passieren lässt, wird einem klar, dass sich der Wert eines literarischen Kunstwerks trotz oder gerade wegen der Missbilligung oder Nichtbeachtung durch manche offizielle Literaturkritiker durchsetzt. Man wird z. B. an Goldings Roman *Lord of the Flies* erinnert, der von den meisten Kritikern erst ernst genommen wurde, als ein großer Literaturpreis bevorstand. Boyle hat für *The Tortilla Curtain* in Frankreich den Prix Médici Etranger für den besten ausländischen Roman erhalten. Boyle macht Lesereisen um die halbe Welt. In Deutschland wurde er von Anfang an begeistert aufgenommen, insbesondere von der Universität und der Stadt Göttingen.[22] Die meisten seiner Romane sind inzwischen ins Deutsche übersetzt worden, u. a. von seinem berühmten Übersetzer und Freund Werner Richter. Auch in die Feuilletons deutscher Tages- und Wochenzeitungen finden seine Romane immer wieder Eingang. Gefragt, was ihm an seiner Schriftstellerkarriere am besten gefalle, antwortete Boyle:

My social function is that I help the next generation of writers and readers coming, and try to inspire them and stand as an example for them, so that they can look at me and say: "Well, when this schmock [Jiddisch für dumme Person] *can do it, so can I*[23]*.*

Literaturhinweise

Primärliteratur

BOYLE, Thomas Coraghessan: *The Tortilla Curtain*, Penguin Books, published by the Penguin Group, New York, 1995. ISBN: 978-0-14-023828-0

BOYLE, T. C.: This Monkey, My Back, in: Frank Conroy, ed., *The Eleventh Draft,* Harper Collins, New York, 1999, auch unter https://www.tcboyle.com/author/essay.html
Ein sehr aufschlussreicher autobiographischer Essay, der Boyles Leben und Werdegang anschaulich darstellt.

Sekundärliteratur

FREESE, Peter: „T. Coraghessan Boyle's 'The Tortilla Curtain': A Case Study in the Genesis of Xenophobia, in: Antor, Heinz; Stiersdorfer, Klaus, eds., English Literatures in International Contexts. Winter, Heidelberg, 2000, S. 221–243.
Eine empfehlenswerte englische Interpretation von *The Tortilla Curtain.*

SCHRÖDER, Markus: Nice Guys finish last: Sozialkritik in den Romanen T. Coraghessan Boyles. Die Blaue Eule, Essen, 1997.
Eine empfehlenswerte Studie, die eine Reihe von Romanen Boyles im Kontext von Politik, Wirtschaft und Gesellschaft analysiert.

Die folgenden Internetseiten sind gute Informationsquellen: www.tcboyle.com, www.tcboyle.de

Anmerkungen

1. Vgl. The New York Times/Süddeutsche Zeitung, Monday, August 23, 2004, p. 7
2. https://www.newyorker.com/culture/cultural-comment/after-the-mudslides-an-absence-in-montecito
3. SCHRÖDER: Nice Guys finish last, Essen, 1997, S 223
4. SCHRÖDER, Nice Guys, S. 213
5. Ulrich Greiner, „Ein Gespräch mit dem amerikanischen Autor T. C. Boyle anlässlich seines neuen Romans ‚América'" in: Die Zeit 37/1996. Auch erhältlich unter https://www.zeit.de/1996/37/boyle.txt.19960906.xml
6. SCHRÖDER: Nice Guys, S. 213
7. Die Santa-Ana Winde haben ihren Namen vom südkalifornischen Santa Ana Canyon und entwickeln sich von Oktober bis März. Sie kommen zu dieser Zeit aus der kalten Wüste und erhitzen sich auf ihrem Weg über die Pässe und durch die Canyons. Santa Ana Winde können großen Schaden anrichten. Die starken, heißen Winde lassen die Vegetation schnell austrocknen, sodass es leicht zu natürlichen Feuern kommt. Der Wind facht die Flammen zusätzlich an, sodass sich die Feuer rasend schnell verbreiten. Da sich Stärke und Richtung des Windes oft ändern, sind diese Feuer für Tiere und Menschen völlig unberechenbar.
8. SCHRÖDER: Nice Guys, S. 226
9. SCHRÖDER: Nice Guys, S. 214

10 von mexikanisch „brazo", der Arm, dann „bracero" = ungelernter Landarbeiter. Das Bracero-Programm wurde mehrfach erneuert. Vgl. dazu: The Border History Text Timeline, www.pbs.org/kpbs/theborder/history/history.html (Stand 17.10.2005)
11 Der „Día de los muertos" wird heute von der mexikanischen Bevölkerung an den beiden ersten Novembertagen gefeiert. Man heißt seine Toten zu Hause willkommen und/oder besucht ihre Gräber. Bei beiden Gelegenheiten, so glaubt man, kommen die Seelen der Toten zurück und weilen unter den Lebenden.
12 Zitiert aus Adams Buch nach www. highbeam.com/library/doc0.asp?DOCID=1G1:114239 (Stand 8.5.2005)
13 Manifest Destiny: Erstmalig genannt im Jahre 1845 im Zusammenhang mit der Annexion von Texas, bedeutet Manifest Destiny, dass es das augenscheinliche Schicksal und die Aufgabe der US-amerikanischen Bevölkerung sei, ihr Gebiet vom Atlantik bis zum Pazifik auszudehnen. Politiker des 19. Jh., die den Erwerb mexikanischen Territoriums anstrebten, benutzten den Begriff besonders gern. Manifest Destiny orientiert sich an den demokratischen Idealen der „Anglo-Saxons", hatte und hat aber auch imperialistische und gewinnorientierte Untertöne.
The Frontier: Der Begriff wurde in 1893 von J. F. Turner in seinem Essay „The Siginificance of the American Frontier in American History" gebraucht und ist eng mit Manifest Destiny verbunden. Er bezeichnet ursprünglich den Kampf der „frontiersmen" und „pioneers" gegen die wilde Natur und gegen die indigene Bevölkerung im Zuge der „westward expansion". Das kontinuierliche Verschieben der Grenze nach Westen trug u. a. dazu bei, dass die USA von England unabhängig wurden. Die „frontier" war somit der entscheidende Faktor dafür, dass die USA eine eigenständige demokrati-

sche Nation wurden, für die die Immigration lebensnotwendig war. Die Vorstellung, dass Fortschritt und die Überschreitung von Grenzen zusammengehören, hat sich bis heute vor allem in Wissenschaft und Forschung der USA gehalten und ist tief im Bewusstsein der US-amerikanischen Öffentlichkeit verankert.

14 SCHRÖDER: Nice Guys, S. 212
15 Etwa 1994, wenn man die Veröffentlichung von *The Tortilla Curtain* 1995 als Bezugspunkt nimmt.
16 vgl. SCHRÖDER: Nice Guys, S. 216/217, wo Boyle diese biologische Denkweise mit der offenen Frage verbindet, ob die Menschheit im Zeitalter der Massenmigrationen überhaupt eine Zukunft habe.
17 SCHRÖDER: Nice Guys, S. 218
18 http://movies2.nytimes.com/books/98/02/08/home/boyle-tortilla.html
19 P. Freese, T. Coraghessan Boyle's 'The Tortilla Curtain', S. 242
20 www.englisch.schule.de/boyle/boylerev.htm (Stand 17.10.2005)
21 Alle Rezensionen bei www.amazon.de/exec/obidos (Stand 22.4.2005)
22 vgl. dazu SCHRÖDER: Nice Guys, S. 209 f.
23 SCHRÖDER: Nice Guys, S. 221/222

Ihre Anregungen sind uns wichtig!

Liebe Kundin, lieber Kunde,

der STARK Verlag hat das Ziel, Sie effektiv beim Lernen zu unterstützen. In welchem Maße uns dies gelingt, wissen Sie am besten. Deshalb bitten wir Sie, uns Ihre Meinung zu den STARK-Produkten in dieser Umfrage mitzuteilen.

Unter *www.stark-verlag.de/ihremeinung* finden Sie ein Online-Formular. Einfach ausfüllen und Ihre Verbesserungsvorschläge an uns abschicken. Wir freuen uns auf Ihre Anregungen.

www.stark-verlag.de/ihremeinung

Richtig lernen, bessere Noten

7 Tipps wie's geht

1. 15 Minuten geistige Aufwärmzeit Lernforscher haben beobachtet: Das Gehirn braucht ca. eine Viertelstunde, bis es voll leistungsfähig ist. Beginne daher mit den leichteren Aufgaben bzw. denen, die mehr Spaß machen.

2. Ähnliches voneinander trennen Ähnliche Lerninhalte, wie zum Beispiel Vokabeln, sollte man mit genügend zeitlichem Abstand zueinander lernen. Das Gehirn kann Informationen sonst nicht mehr klar trennen und verwechselt sie. Wissenschaftler nennen diese Erscheinung „Ähnlichkeitshemmung".

3. Vorübergehend nicht erreichbar Größter potenzieller Störfaktor beim Lernen: das Smartphone. Es blinkt, vibriert, klingelt – sprich: Es braucht Aufmerksamkeit. Wer sich nicht in Versuchung führen lassen möchte, schaltet das Handy beim Lernen einfach aus.

4. Angenehmes mit Nützlichem verbinden Wer englische bzw. amerikanische Serien oder Filme im Original-Ton anschaut, trainiert sein Hörverstehen und erweitert gleichzeitig seinen Wortschatz. Zusatztipp: Englische Untertitel helfen beim Verstehen.

5. In kleinen Portionen lernen Die Konzentrationsfähigkeit des Gehirns ist begrenzt. Kürzere Lerneinheiten von max. 30 Minuten sind ideal. Nach jeder Portion ist eine kleine Verdauungspause sinnvoll.

6. Fortschritte sichtbar machen Ein Lernplan mit mehreren Etappenzielen hilft dabei, Fortschritte und Erfolge auch optisch sichtbar zu machen. Kleine Belohnungen beim Erreichen eines Ziels motivieren zusätzlich.

7. Lernen ist Typsache Die einen lernen eher durch Zuhören, die anderen visuell, motorisch oder kommunikativ. Wer seinen Lerntyp kennt, kann das Lernen daran anpassen und erzielt so bessere Ergebnisse.

Du suchst interessante Infos rund um alle Fächer, Prüfungen und Schularten, oder benötigst Hilfe bei Berufswahl und Studium?
Dann ist **schultrainer.de** genau für dich gemacht.
Hier schreiben die Lernexperten vom STARK Verlag und machen dich fit für Schule, Beruf und Karriere.

Schau doch vorbei: **www.schultrainer.de**